宋思溪藏本廣弘明集

第一〇册

（唐）釋道宣 撰

國家圖書館出版社

第十册目録

廣弘明集　第二十六

四百七十八
聚六

元祿九年丙子二月日重脩

皇圖鞏固　帝道遐昌

佛日增輝　法輪常轉

山城州天安寺法金剛院置

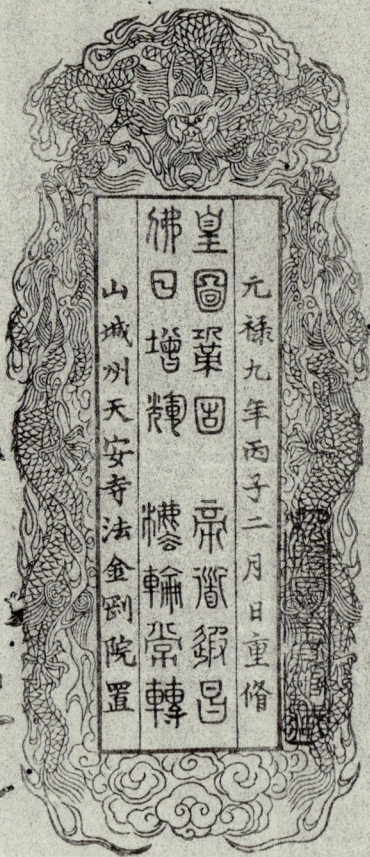

廣弘明集卷第二十六　聚

大唐西明寺釋　道宣　撰

慈濟篇序

若夫慈濟之道終古式瞻厚命之方由來所重故蠢蠢懷生喁喁哨類莫不重形愛命增生惡死即事可覩豈待言乎然有性涉昏明情含嗜欲明者恕己爲喻不加惱於含靈昏者利己爲懷無存慮於物命故能安忍苦楚縱蕩貪癡以多殘爲聲勢以利欲爲功德是知坑趙六十餘萬終伏劒於秦邦膳畢方丈爲常窮刑戮於都市至如禍作殃及方悔咎原徒思顧復終無獲已然則釋氏化本止殺

爲先由斯一道取濟群有故慈爲佛心慈爲
佛室慈善根力隨義而現有心慈德通明起
慮而登色界況復慈定深勝兵毒所不能侵
慈德感徵蛇虎爲之馴擾末代門學師心者
多不思被忍辱之衣示福田之相縱恣饕餮
以酒肉爲身先飲啖不異於流俗踐陟同於
賢聖經誥明示不得以佛爲師譏醜塵點滅
法在於斯矣況復蠶衣肉食聞沈侯之極誠
醞釀屠宰見梁帝之嚴徵觀其勸勗之文統
其慇懃之至足令心寒形慄豈臨履之可擬
乎故上士聞之足流涕而無已下愚詳此等
長風之激空林且夫生死推遷匪旦伊夕隨

業受報論歷無窮不思形神之疲勞而重口腹之使利終糜碎於大地何所補於精靈乎所以至人流慟常慘慼於狂生大士興言慨怨魂於煩惱撫膺弔影可不自憐一旦苦臨於何逃責既未位於正聚何以抵於三塗行未登於初地終有懷於五怖輒舒事類識者思之

廣弘明集慈濟篇第六

究竟慈悲論　齊沈休文

與何胤書論止殺　梁周顒

斷殺絕宗廟犧牲詔并表請　梁武帝

誡殺家訓　北齊顏之推

斷酒肉文　梁武帝

究竟慈悲論　沈休文

釋氏之教義本慈悲慈悲之要全生爲重恕己因心以身觀物欲使抱識懷知之類愛生忌死之群各遂厥宜得無遺夭而俗迷日久淪惑難變革之一朝則疑怪莫啓設教立方每由漸致又以情嗜所深甘腴爲甚嗜深於情尤難頓革是故開設三淨用伸權道及涅槃後說立言將謝則大明隱惻貽厥將來夫肉食蠶衣爲方未異害命夭生事均理一淪繭爛蛾非可忍之痛懸庖登俎豈偏重之業而去取異情開抑殊典尋波討源良有未達

漁人獻鮪肉食同有其緣梟獍登絲蠶衣共須其分假手之義未殊通閑之詳莫辯訪裡求宗未知所適外典云五畝之宅樹之以桑則六十者可以衣帛矣雞豚犬彘勿失其時則七十者可以食肉矣然則五十九年已前所衣宜布矣六十九年已前所食宜蔬矣輕煖於身事既難遣甘滋於口又非易忘對而爲言非有優劣宜梟麻果菜事等義同攘寒實腹曾無一異偏通繒纊當有别途請試言之

夫聖道隆深非思不洽仁被群生理無偏漏拯麁去甚敎義斯急繒衣肉食非巳則通及晚說大典弘宣妙訓禁肉之旨載現于

言黜縉之義斷可知矣而禁淨之始猶通蓄
華蓋是敷說之儀各有次第亦猶闡提二義
俱在一經兩說叅差各隨教立若執前迷後
則闡提無入善之途禁淨通蓄則含生無有
頓免之望難者又以闡提入道聞之後說蓄
華宜禁曾無槃理大聖卬旨義豈徒然夫常
住密奧傳譯遐阻泥洹始度咸謂已窮中出
河西方知未盡關中晚說厥義彌暢仰尋條
流理非備足又案涅槃初說阿闍世王大迦
葉阿難三部徒衆獨不來至既而二人並來
唯無迦葉迦葉佛大弟子不容不至而經無
至文理非備盡昔涅槃未啓十數年間廬阜

名僧已有蔬食者矣豈非秉心闇踐自與理
合者哉且一朝裂帛可以終年烹牢待膳亘
時引日然則一歲八蠶已驚其驟終朝未肉
盡室驚嗟拯危濟苦先其所急敷說次序義
實在斯外聖又云一人不耕必有受其飢者
故一人躬稼亦有受其飽焉桑野漁川事雖
非己炮肉裂繒咸受其分自涅槃東度三肉
罷緣服膺至訓橾槩弥遠促命有殫長蔬靡
惓秋禽夏卵比之如浮雲山毛海錯事同
於腐鼠而薦衣纊服曾不懷疑此蓋慮窮於
文字思迷於弘旨通方深信之客庶有鑒於
斯理斯理一悟行迷克反斷蠶肉之因固蔬

梟之業然則含生之類幾於免矣

與何胤書　梁周顒

普通年中何胤侈於味食必方丈後稍欲其甚者使門人議之學士鍾岏曰蛆之就脯驟於屈伸蟹之將糖躁擾弥甚仁人用意深懷如怛且不悴不榮曾芻蕘之不若無馨無臭與瓦礫其何筭有汝南周顒貽胤書曰丈人所以未極遐蹈惑在於不全菜耶剉折之升鼎俎網罟之興載冊其來寔遠誰敢干議觀聖人之設膳羞乃復爲之品節蓋以茹毛飲血與生民共始縱而勿裁將無崖畔善爲士者豈不以恕己爲懷是各靜封壃罔相陵轢

況乃變之大者莫過死生生之所重無過性
命性命之於彼極切滋味之於我可賒而終
身朝晡資之以永歲彼就怨酷莫能自伸我
業長久吁哉可畏且區區微卵脆薄易矜歔
彼弱麑顧步宜愍觀其飲啄飛沉使人憐悼
況可甘心撲挬加復恣意吞嚼至乃野牧成
群閑豢重圈量肉揣毛以俟支剥如土委地
僉謂常理可爲愴息事豈一途若云三世理
誣則幸矣良怏如使此道果然而受形未息
一往一來生死常事雜報如家人天如客過
客日少在家日多吾修信業未足長免則傷
心之慘行亦自念丈人於血氣之類雖不身

殘至於晨鳧沉鯉不能不取備屠門財貝之
一經盜手猶爲廉士所棄生性之一啓鸞刀
寧復慈心所忍騶虞雖飢非自死之草不食
閒其風豈不使人多愧耻脩獲書納之遂絶
血味注百論十二門論行於法俗

斷殺絶宗廟犧牲詔 并表請 梁武帝

梁高祖武皇帝臨天下十二年下詔去宗廟
犧牲修行佛戒蔬食斷欲上定林寺沙門僧
祐龍華邑正栢超度等上啓云京畿既是福
地而鮮食之族猶布筌網並驅之客尚馳鷹
犬非所以仰稱皇朝優洽之旨請丹陽琅瑘
二境水陸並不得蒐捕勑付尚書詳之

議郎江貺以爲聖人之道以百姓爲心仁者之化以躬行被物皇德好生恊于上下日就月將自然改俗一朝抑絕容恐愚民且獵山之人例堪跋涉捕水之客不憚風波江寧有禁即達牛渚延陵不許便往陽羨取生之地雖異殺生之數是同空有防育之制無益全生之術

兼都令史王述以爲京邑翼翼四方所視民漸至化必被萬國今祈寒暑雨人尚無怨況去俗入眞所以可悅謂斷之爲是

左丞謝幾卿曰不殺之禮誠如王述所議然聖人爲教亦與俗推移即之事迹恐不宜偏

斷若二郡獨有此禁更似外道謂不殺戒皆有界域因時之宜敬同議郎江貺議尚書臣亶僕射臣昂令瑩已下並同貺議帝使周舍難貺曰禮云君子遠庖廚血氣不身翦見生不忍其死聞聲不食其肉此皆即自興仁非關及遠三驅之禮向我者舍背我者射於是依王述議遂斷　又勑大醫不得以生類合藥公家織官紋錦並斷仙人鳥獸之形以爲褻衣裁翦有乖仁恕至迺祈告天地宗廟以去殺之理被之含識郊廟皆以麵爲牲牷其饗萬國用菜蔬去生類其山川諸祀則否乃勑有司曰近以神實愛民不責無識所貴誠

信非尚血膋凡有水旱之患使歸咎在上不同牲牢止告知而已而萬姓祈求諂黷爲事山川小祇難期正直晴雨或乖容市民怨愚夫滯習難用理移自今祈請報答可如俗法所用以身賽咎事自依前

前臣曰夫神道茫昧求諸不一或尚血腥之祀或歆蘊藻之誠設教隨時貴其爲善其誠無忒何往不通若祭享理無則四代之風爲褻神明實有三世之道爲弘語其無不待牲牷之潔據其有宜存去殺之仁周文禴祭由來尚矣苟有明德神其吐諸而以麵爲牲於義未違方之紋錦將不矛盾乎

齊光禄顔之推誡殺訓

儒家君子離庖厨見其生不忍其死聞其聲不食其肉高柴折像未知内教皆能不殺此皆仁者自然用心也含生之徒莫不愛命去殺之事必勉行之見好殺之人臨死報驗子孫殃禍其數甚多不能具録耳且示數條於末梁時有人常以雞卵白和沐云使鬓光每沐輒破二三十枚臨終但聞鬓中啾啾數千雛雛之聲　江陵劉氏以賣鱓爲業後生一兒頭具是鱓自頸巳下方爲人耳　王克爲永嘉郡有人餉羊集賓欲醼而羊繩解來投一客先跪兩拜便入衣中此客竟不言之固

無救請須臾宰羊者爲炙先行至客一臠入口便下皮肉周行遍體痛楚號叫方復說之遂作羊鳴而死

梁時有人爲縣令經劉敬躬亂縣廨被焚寄寺而住民將羊酒作禮縣令以牛繫剎屏除形像鋪設牀座於堂上接賓未殺之頃牛解徑來至階而拜縣令大笑命左右宰之飲噉飽酒便臥簷下投醒即覺體痒爬搔癮疹因尒成病十餘年死

楊思達爲西陽郡值侯景亂時復旱儉飢民盜田中麥思達遣一部曲守視所得盜者輒截手腕凡戮十餘人部曲後生一男自然無手

齊國有一奉朝請家甚豪侈非手殺牛則噉

之不美年三十許病篤大見牛來舉體如被刀刺叫呼而終　江陵高偉隨吾入齊凡數年向幽州淀中捕魚後病每見群魚齧之而死

斷酒肉文　　梁高祖武皇帝

弟子蕭衍敬白諸大德僧尼諸義學僧尼諸寺三官夫匡正佛法是黒衣人事迺非弟子白衣所急但經教亦云佛法寄囑人王是以弟子不得無言今日諸僧尼開意聽受勿生疑閉内懷忿異　凡出家人所以異於外道者正以信因信果信經所明信是佛説經言行十惡者受於惡報行十善者受於善報此是經教大意如是若出家人猶嗜飲酒噉食

魚肉是則爲行同於外道而復不及何謂同於外道外道執斷常見無因無果無施無報今佛弟子甘酒嗜肉不畏罪因不畏苦果即是不信因不信果與無施無報者復何以異此事與外道見同而有不及外道是何外道各信其師師所言是弟子言是師所言非弟子言非涅槃經言迦葉我今日制諸弟子不得食一切肉而今出家人猶自噉肉戒律言飲酒犯波夜提猶自飲酒無所疑難此事違於師教一不及外道

又外道雖復邪僻持牛狗戒既受戒已後必不犯今出家人既受戒已輕於毀犯是二不

及外道

又外道雖復五熱炙身投淵赴火窮諸苦行未必皆噉食衆生今出家人噉食魚肉是三不及外道

又外道行其異學雖不當理各習師法無有覆藏今出家人噉食魚肉於所親者乃自和光於所疎者則有隱避如是爲行四不及外道

又外道各宗所執各重其法乃自高聲大唱云不如我道眞於諸異人無所忌憚今出家人或復年時已長或復素爲物宗噉食魚肉極自艱難或避弟子或避同學或避白衣或避寺官懷挾邪志崎嶇覆藏然後方得一過

噉食如此爲行五不及外道

又復外道直情逕行能長己徒衆惡不能長

異部惡今出家人噉食魚肉或爲白衣弟子

之所聞見內無慙愧方飾邪說云佛教爲法

本存遠因在於即日未皆悉斷以錢買肉非

己自殺此亦非嫌白衣愚癡聞是僧說謂眞

實語便復信受自行不善增廣諸惡是則六

不及外道

又外道雖復非法說法法說非法各信經書

死不違背今出家人噉食魚肉或云肉非己

殺猶自得噉以錢買肉亦復非嫌如是說者

是事不然涅槃經云一切肉悉斷及自死者

自死者猶斷何況不自死者楞伽經云爲利殺衆生以財網諸肉二業俱不善死墮叫呼獄何謂以財網肉陸設置罘水設網罟此是以網網肉若於屠殺人間以錢買肉此是以財網肉若令此人不以財網肉者習惡律儀捕害衆生此人爲當專自供口亦復別有所擬若別有所擬向食肉者豈無殺分何得云我不殺生此是灼然違背經文是七不及外道又復外道同其法者和合異其法者苦治令行禁止莫不率從今出家人或爲師長或爲寺官自開酒禁噉食魚肉不復能得施其教戒裁欲發言他即譏刺云師向亦尒寺官

亦尒心懷內熱默然低頭面赤汗出不復得
言身既有瑕不能伏物便復摩何直尒止住
所以在寺者乖違受道者放逸此是八不及
外道
又外道受人施與如己法受烏戒人受烏戒
施受鹿戒人受鹿戒施烏戒人終不覆戒受鹿
戒施鹿戒人終不覆戒受烏戒施今出家人
云我能精進我能苦行一時覆相誑諸白衣
出即飲酒開衆惡門入即噉肉集衆苦本此
是九不及外道
又外道雖復顛倒無如是衆事酒者是何臭
氣水穀失其正性成此別氣衆生以罪業因

緣故受此惡觸此非正眞道法亦非甘露上味云何出家僧尼猶生耽嗜僧尼授白衣五戒令不飲酒令不妄語云何翻自飲酒違負約誓七衆戒八戒齋五篇七聚長短律儀於何科中而出此文其餘衆僧故復可可至學律者彌不宜尒且開放逸門集衆惡本苦白衣人甘此狂藥出家人猶當呵止云某甲汝就我受五戒不應如是若非受戒者亦應云檀越酒是惡本酒是魔事檀越今日幸可不飲云何出家人而應自飲尼羅浮陀地獄身如段肉無有識知此是何人皆飲酒者出家僧尼豈可不深信經敎自棄正法行於邪道

長衆惡根造地獄苦習行如此豈不內愧猶
服如來衣受人信施居處墖寺仰對尊像若
飲酒食肉如是等事出家之人不及居家向
故如是在家人雖飲酒噉肉無犯戒罪此一
不及居家人　在家人雖復飲酒噉肉各有
丘龕終不以此仰觸尊像此是二不及居家
人　在家人雖復飲酒噉肉終不吐泄寺舍
此是三不及居家人　在家人雖復飲酒噉
肉無有譏嫌出家人若飲酒噉肉使人輕賤
佛法此是四不及居家人　在家人雖復飲
酒噉肉門行井竈各安其鬼出家人若飲酒
噉肉臭氣熏蒸一切善神皆悉遠離一切衆

魔皆悉歡喜此是五不及居家人　在家人雖復飲酒噉肉自破財産不破他財出家人飲酒噉肉自破善法破他福田是則六不及居家人　在家人雖復飲酒噉肉皆是自力所辦出家人若飲酒噉肉皆他信施是則七不及居家人　在家人雖復飲酒噉肉是常業更非異事出家人若飲酒噉肉衆魔外道各得其便是則八不及居家人　在家人雖復如此飲酒噉肉猶故不失世業大耽昏者此則不得出家人若飲酒噉肉若多若少皆斷佛種是則九不及居家人不及外道不及居家略出所以各有九事欲論過患條流甚

多可以例推不復具言今日大德僧尼今日
義學僧尼今日寺官宜自警戒嚴淨徒衆若
其懈怠不遵佛教猶是梁國編戶一民弟子
今日力能治制若猶不依佛法是諸僧官宜
依法問京師頃年講大涅槃經法輪相續便
是不斷至於聽受動有千計今日重令法雲
法師爲諸僧尼講四相品四中少分諸僧尼
常聽涅槃經爲當曾聞此説爲當不聞若已
曾聞不應違背若未曾聞今宜憶持
佛經中究竟説斷一切肉乃至自死者亦不
許食何況非自死者諸僧尼出家名佛弟子
云何今日不從師教經言食肉者斷大慈種

何謂斷大慈種凡大慈者皆令一切衆生同
得安樂若食肉者一切衆生皆爲怨對同不
安樂若食肉者是遠離聲聞法若食肉者是
遠離辟支佛法若食肉者是遠離菩薩法若
食肉者是遠離菩提道若食肉者是遠離佛
果若食肉者是遠離大涅槃若食肉者障生
六欲天何況涅槃果若食肉者是障四禪法
若食肉者是障四空法若食肉者是障戒法
若食肉者是障定法若食肉者是障慧法若
食肉者是障信根若食肉者是障進根若食
肉者是障念根若食肉者是障定根若食肉
者是障慧根舉要爲言障三十七道品若食

肉者是障四眞諦若食肉者是障十二因緣
若食肉者是障六波羅蜜若食肉者是障四
弘誓願若食肉者是障四攝法若食肉者是
障四無量心若食肉者是障四無礙智若食
肉者是障三三昧若食肉者是障八解脫若
食肉者是障九次第定若食肉者是障六神
通若食肉者是障百八三昧若食肉者是障
一切三昧若食肉者是障海印三昧若食肉
者是障首楞嚴三昧若食肉者是障金剛三
昧若食肉者是障五眼若食肉者是障十力
若食肉者是障四無所畏若食肉者是障十
八不共法若食肉者是障一切種智若食肉

者是障無上菩提何以故若食肉者障菩提心無有菩薩法以食肉故障不能得初地以食肉故障不能得二地乃至障不能得十地以無菩薩法無菩薩法故無四無量心無四無量心故無有大慈大悲以是因緣佛子不續所以經言食肉者斷大慈種諸出家人雖復不能行大慈大悲究竟菩薩行成就無上菩提何爲不能忍此臭腥修聲聞辟支佛道鴟鴞嗜鼠蝍蛆甘螮以此而推何可嗜著至於豺犬野犴皆知嗜肉人最有知勝諸衆生近與此等同甘臭腥豈直常懷殺心斷大慈種凡食肉者自是可鄙諸大德僧諸解義者

講涅槃經何可不慇懃此句令聽受者心得悟解又有一種愚癡之人云我止噉魚實不食肉亦應開示此處不殊水陸衆生同名爲肉諸聽講者豈可不審諦受持如說修行

凡食肉者如前說此皆是遠事未爲近切諸大德僧尼當知噉食衆生者是魔行噉食衆生是地獄種噉食衆生是恐怖因噉食衆生是斷命因噉食衆生是自燒因噉食衆生是自煑因噉食衆生是自炮因噉食衆生是自炙因噉食衆生是自割因噉食衆生是自剥因噉食衆生是斷頭因噉食衆生是斷手因噉食衆生是斷足因噉食衆生是破腹因噉

食衆生是破背因噉食衆生是刳腸因噉食衆生是碎髓因噉食衆生是抉目因噉食衆生是割鼻因噉食衆生是截耳因噉食衆生是貧窮因噉食衆生是下賤因噉食衆生是凍餓因噉食衆生是醜陋因噉食衆生是聾因噉食衆生是盲因噉食衆生是瘖因噉食衆生是瘂因噉食衆生是跛因噉食衆生是蹇因噉食衆生是瘡因噉食衆生是瘍因噉食衆生是疥因噉食衆生是癬因噉食衆生是瘤因噉食衆生是癭因噉食衆生是瘑因噉食衆生是疵因噉食衆生是癰因噉食衆生是癤因噉食衆生是痔因噉食衆生是疽

因噉食衆生是瘻因噉食衆生是癩因噉食衆生是致蚤因噉食衆生是致虱因噉食衆生是致蚊因噉食衆生是致䖟因噉食衆生是遭毒蟲因噉食衆生是遭惡獸因噉食衆生是病瘦因噉食衆生是寒熱因噉食衆生是頭痛因噉食衆生是心痛因噉食衆生是腹痛因噉食衆生是胷痛因噉食衆生是背痛因噉食衆生是手痛因噉食衆生是足痛因噉食衆生是髓痛因噉食衆生是腸痛因噉食衆生是筋縮因噉食衆生是胃反因噉食衆生是脉絶因噉食衆生是血流因噉食衆生是咽塞因噉食衆生是喉痛因噉食衆

生是風病因噉食衆生是水病因噉食衆生
是四大不調適因噉食衆生是五藏不調適
因噉食衆生是六府不調適因噉食衆生是
癲因噉食衆生是狂因噉食衆生乃至是四
百四病一切衆苦因噉食衆生是熱因噉食
衆生是惱因噉食衆生是受壓因噉食衆生
是遭水因噉食衆生是遭火因噉食衆生是
遭風因噉食衆生是遭偷因噉食衆生是遭
劫因噉食衆生是遭賊因噉食衆生是鞭因
噉食衆生是杖因噉食衆生是笞因噉食衆
生是督因噉食衆生是罵因噉食衆生是辱
因噉食衆生是繫因噉食衆生是縛因噉食

衆生是幽因噉食衆生是閇因噉食衆生是
生苦因噉食衆生是老苦因噉食衆生是病
苦因噉食衆生是死苦因噉食衆生是怨憎
會苦因噉食衆生是愛別離苦因噉食衆生
是求不得苦因噉食衆生是五受蔭苦因噉
食衆生是行苦因噉食衆生是壞苦因噉食
衆生是苦苦因噉食衆生是想地獄因噉食
衆生是黑繩地獄因噉食衆生是衆合地獄
因噉食衆生是叫喚地獄因噉食衆生是大
叫喚地獄因噉食衆生是熱地獄因噉食衆
生是大熱地獄因噉食衆生是阿鼻地獄因
噉食衆生是八寒八熱地獄因乃至是八万

四千萬子地獄因乃至是不可說不可說萬子地獄因噉食衆生乃至是一切餓鬼因噉食衆生乃至是一切畜生因當知餓鬼有無量苦當知畜生有無量苦畜生暫生暫死爲物所害生時有無量怖畏死時有無量怖畏此皆是殺業因緣受如是果若欲具列殺果展轉不窮盡大地草木亦不能容受向來所說雖復多途舉要爲言同一苦果但苦中自有輕重所以今日致衆苦果皆由殺業惱害衆生略舉一隅粗言少分　諸大德僧尼諸義學僧尼諸寺三官復當應思一大事若使噉食衆生父衆生亦報噉食其父若噉食衆

生母衆生亦報噉食其母若噉食衆生子衆
生亦報噉食其子如是怨對報相噉食歷劫
長夜無有窮巳如經說有一女人五百世害
狼兒狼兒亦五百世害其子又有女人五百
世斷鬼命根鬼亦五百世斷其命根如此皆
是經說不可不信其餘相報推列可知

諸大德僧尼諸義學僧尼諸寺三官又有一
大事當應信受從無始巳來至于此生經歷
六道備諸果報一切親緣遍一切處直以經
生歷死神明隔障是諸眷屬不復相識今日
衆生或經是父母或經是師長或經是兄弟
或經是姊妹或經是兒孫或經是朋友而今

日無有道眼不能分別還相噉食不自覺知噉食之時此物有靈即生忿恨還成怨對向者至親還成至怨如是之事豈可不思暫爭舌端一時少味永與宿親長爲怨對可爲痛心難以言說白衣居家未可適道出家學人被如來衣習菩薩行宜應深思

諸大德僧尼諸義學僧尼諸寺三官又復當思一事凡噉食衆生是一切衆生惡知識是一切衆生怨家如是怨家遍滿六道若欲修行皆爲障難一理中障難二事中障難何者是理中障難以業因緣自生障難令此行人愚癡無慧不知出要無有方便設值善知識

不能信受設復信受不能習行此是理中障難事中障者此諸怨對或在惡鬼中或在毒獸中或在有大力神中或在大力龍中或在魔中或在天中如是處處來作留難設令修行遇善知識深心信受適欲習行便復難起或引入邪道或惱令心亂修戒修定修慧修諸功德常不清淨常不滿足皆是舊怨起諸對障此是事中障難如是之事又宜深思但以一噉食衆生因緣能遠離一切佛法有如是種種過患貪毒亦如是瞋毒亦如是癡毒亦如是三毒等分皆同過患相與宜深自覺察善思方便　弟子蕭衍又復敬白諸大德僧

尼諸義學僧尼諸寺三官北山蔣帝猶且去殺若以不殺祈願輒得上教若以殺生祈願輒不得教想今日大衆已應聞知弟子已勤諸廟祝及以百姓凡諸群祀若有祈報者皆不得薦生類各盡誠心止修蔬供蔣帝今日行菩薩道諸出家人云何反食衆生行諸魔

行一日北山爲蔣帝齋所以皆請菜食僧者正以幽靈悉能鑒見若不菜食僧作菜食往將恐蔣帝惡賤佛法怪望弟子是諸法師當見此意　弟子蕭衍又敬白大德僧尼諸義學者一切寺三官弟子蕭衍於十方一切諸佛前於十方一切尊法前於十方一切聖僧前

與諸僧尼共伸約誓今日僧衆還寺已後各
各檢勒使依佛教若復有飲酒噉肉不如法
者弟子當依王法治問諸僧尼若披如來衣
不行如來行是假名僧與盜戒不異如是行
者猶是弟子國中編戶一民今日以王力足
相治問若爲外司聽察所得若爲寺家自相
糺舉不問年時老少不問門徒多少弟子當
令寺官集僧衆鳴犍椎捨戒還俗著在家服
依涅槃經還俗策使唯最老舊者最多門徒
者此二種人最宜先問何以故治一無行小
僧不足以改革物心治如是一大僧足以驚
動視聽推計名德大僧不應有此設令有此

當依法治問其餘小僧故自妄言今日集會
此是大事因緣非直一切諸佛在此非直一
切尊法在此非直一切聖僧在此諸天亦應
遍滿虛空諸仙亦應遍滿虛空護世四王亦
應在此金剛密迹大辯天神功德天神韋馱
天神毗紐天神摩醯首羅散脂大將地神堅
牢迦毗羅王孔雀王封頭王富尼跋陀羅伽
王阿脩羅伽王摩尼跋陀羅伽王金毗羅王
十方二十八部夜叉神王一切持呪神王六
方大護都使安國如是一切有大神足力有
大威德力如是一切善神遍滿虛空五方龍
王娑竭龍王阿耨龍王難陀龍王跋難陀龍

王伊那滿龍王如是一切菩薩龍王亦應遍
滿在此天龍夜叉乾闥婆王阿脩羅王迦樓
羅王緊那羅王摩睺羅伽王人非人等如是
一切有大神足力有大威德力八部神王皆
應在此今日土地山川房廟諸神亦應充塞
虛空如是幽顯莫不鑒觀唯無瑕者可以叅
人唯自淨者可以淨人弟子今日唱言此事
僧尼必當有不平色設令刳心擲地以示僧
尼丐數片肉無以取信古人有言非知之難
其在行之弟子蕭衍雖在居家不持禁戒今
日當先自爲誓以明本心弟子蕭衍從今已
去至于道場若飲酒放逸起諸婬欲欺誑妄

語噉食衆生乃至飲於乳蜜及以酥酪願一切有大力鬼神先當苦治蕭衍身然後將付地獄閻羅王與種種苦乃至衆生皆成佛盡弟子蕭衍猶在阿鼻地獄中僧尼若有飲酒噉魚肉者而不悔過一切大力鬼神亦應如此治問增廣善衆清淨佛道若未爲幽司之所治問猶在世者弟子蕭衍當如法治問驅令還俗與居家衣隨時役使願今日二部僧尼各還本寺匡正佛法和合時衆皆令聽經法者如說修行不可復令斷大慈種使佛子不續若有犯法破戒者皆依僧制如法治問若有容受不相舉治者當反任罪　又僧尼

寺有事四天王迦毗羅神猶設鹿頭及羊肉
等是事不可急宜禁斷若不禁斷寺官任咎
亦同前科别宣意是義論竟宣意如此
弟子蕭衍敬白諸大德僧尼諸義學僧尼諸
寺三官向已粗陳魚肉障累招致苦果今重
復欲通白一言閻浮提壽云百二十至於世
閒罕聞其人遷變零落亦無宿少經言以一
念頃有六十刹那生老無常謝不移時暫有
諸根俄然衰滅三途等苦倏忽便及欲離地
獄其事甚難戒德清淨猶懼不免況於毁犯
安可免乎雖復長齋菜食不勤方便欲免苦
報亦無是處何以故尒此生雖可不犯衆罪

後報業强現無方便三途等苦不能遮止況
復飲酒噉食衆生諸僧尼必信佛語宜自力
勵若云菜食爲難此是信心薄少若有信心
宜應自强有决定心菜食何難菜蔬魚肉俱
是一惑心若能安便是甘露上味心若不安
便是臭穢下食所以涅槃經言受食之時令
作子肉想如俱非惑豈須此法且置遠事止借
近喻令已能蔬食者厭惡血腥其於不能蔬
食者厭惡菜茹事等如此宜應自力迴不善
惑以爲善惑就善惑中重爲方便食菜子想
以如是心便得决定凡不能離魚肉者皆云
菜蔬冷令人虚乏魚肉温於人補益作如是

説皆是倒見今試復粗言其事不尒若久食
菜人榮衛流通凡如此人法多患熱榮衛流
通則能飲食以飲食故氣力充滿是則菜蔬
不冷能有補益諸苦行人亦皆菜蔬多悉患
熱類皆堅強神明清爽少於昏疲凡魚爲生
類皆多冷血腥爲法增長百疾所以食魚肉
者神明理當昏濁四體法皆沉重無論方招
後報有三途苦即時四大交有不及此豈非
惑者因心各有所執甘魚肉者便謂爲温爲
補此是倒見事不可信復有一種人食菜以
爲冷便復解素此是行者未得菜意菜與魚
肉如水與火食菜纔欲得力復噉魚肉魚肉

腥臊能滅菜力所以惑者云菜爲性冷凡數
解素人進不得菜蔬之力退不得魚肉邪益
法多羸冷少有堪能是諸僧尼復當知一事
凡食魚肉是魔境界行於魔行心不決定多
有留難内外衆魔共相嬈作所以行者思念
魚肉酒是魔漿故不待言凡食魚肉嗜飲酒
者善神遠離内無正氣如此等人法多衰惱
復有一種人雖能菜食恃此憍慢多於瞋恚
好生貪求如是之人亦墮魔界多於衰惱又
有一種人外行似熟内心麁惡見人勝己常
懷忿嫉所行不善皆悉覆相如是等人亦行
魔界雖復菜蔬亦多衰惱若心力決正蔬食

菩到如是等人多爲善力所扶法多堪能有
不直者宜應思覺勿以不決定心期決定人
諸大德僧尼有行業已成者今日已去善相
開導令未得者今去皆得若已習行願堅志
力若未曾行願皆改革今日相與共爲菩提
種子勿怪弟子蕭衍向來所白

寺官三百六十八人　宿德二十五人
義學五百七十四人　導師三十九人
　右牒衆僧合一千六人
寺官三百六十九人　義學六十八人
導師五人
　右牒合尼僧四百四十二人

并右牒僧尼合一千四百四十八人並以五
月二十二日五更一唱到鳳莊門
二十三日旦光宅寺法雲於華林殿前登東
向高座爲法師瓦官寺慧明登西向高座爲
都講唱大涅槃經四相品四分之一陳食肉
者斷大慈種義法雲解釋輿駕親御地鋪席
位於高座之北僧尼二衆各以次列坐講畢
耆闍寺道澄又登西向高座唱此斷肉之文
次唱所傳之語唱竟又禮拜懺悔普設中食
竟出
二十三日會其後諸僧尼或猶云律中無斷
肉事及懺悔食肉法其月二十九日又勅請

義學僧一百四十一人義學尼五十七人於華林華光殿使莊嚴寺法超奉誠寺僧辯光宅寺寶度等三律師升高座御席地施座餘僧尼亦尒

制旨問法超等三律師曰古人云止沸莫若去薪息過莫若無言弟子無言乃復甚易但欲成人之美使佛種相續與諸僧尼共弘法教兼即事中亦不得默已故今集會於大衆前求律中意聞諸僧道律中無有斷酒肉法又無懺悔食肉法諸律師從來作若爲開導使人致有此疑法超奉答律教是一而人取文下之旨不同法超所解律雖許噉三種淨

肉而意實欲永斷何以知之先明斷十種不
淨肉次令食三種淨肉未令食九種淨肉如
此漸制便是意欲永斷法超常日講恒作如
此説
制又問僧辯法師復作若爲開導僧辯奉答
僧辯從來所解大意亦不異法超但教有深
淺階級引物若論噉三種淨肉理當是過但
教既未極所以許其如此
制又問寶度法師復若爲開導寶度奉答愚
短所解只是漸教所以律文許噉三種淨肉
若涅槃究竟明於正理不許食肉若利根者
於三種淨肉教即得悉不食解若鈍根之人

方待後教

制又問法超法師向答是文外意若依律文作若爲判奉答常日解義只作向者所説

制問僧辯法師意復云何同超法師不奉答同法超所解

制問法超法師從來作此解律諸律師並皆噉肉爲不噉肉法超奉答不知餘人並若爲法超從來自不食肉　制問僧辯法師復食肉不僧辯奉答昔恒不食肉中年疾病有時暫開　制問寶度法師復云何奉答本住定林末移光宅二處不得進肉若在餘處爲疾病亦不免開　問講律時噉肉不奉答講時

必有徒衆於徒衆中不敢
問不敢有兩義爲不敢食爲不敢不食
制又問僧辯法師常日講律時爲當許徒衆
食肉爲當不許若不許噉肉有食肉者應驅
遣去若許者作若爲説奉答若約教解不全
言不許若論其意未甞開許　問今正問約
教時爲許爲不許答約教不遮　問不遮是
許爲是不許答引其向理許其得食三種淨
肉　問見殺亦可不見聞殺亦可不聞疑作
若爲得免答若見因緣不假疑聞因緣亦不
假疑唯遇得者疑　問以錢買魚肉是疑不
答若理中理自是疑

問不得以理中見答若理中爲論衆僧不應
市魚肉今所問事中是疑不答若約教非疑
問市中人爲誰殺答乃爲買者殺但買者不
作此想　問買肉者此人旣不昏亂豈得不
知是爲買者殺而不作此想答于時作現死
肉心　問爲自死詺作死爲殺詺作死答此
旨是理中言約教辯只得如此
問法師旣爲人講説爲人明導爲人法城云
何言只得如此但問作意使人買時作若爲
意答買自死者意
問若自死者處處應有寺中亦應有自死者
何假往屠肉家買答理中居然是疑

問若理中居然是疑者云何得不疑肉食僧
辯無復對
制又問此肉爲當作肉味爲當作菜味僧辯
奉答猶作肉味問爲是慈心故食肉無慈心
故食肉答此非慈心問若非慈心豈得非殺
耶答理中常應不得約事故如此　問律教
欲使人出離不答令人出離　問食肉得出
離不答不得　問若尒云何令食肉答爲淺
行者說引其令深問爲具足戒者說爲不具
者說答爲具足者說問旣爲具足者說不爲
童蒙云何今荅食肉而是引其令深答初教如
此非是極教問云何初教教具足戒人答僧

辯所解正自齊此
制又問律教起何時僧辯奉答起八年已後至涅槃
問若如此涅槃經有斷肉楞伽經有斷肉央掘摩羅經亦斷肉大雲經縛象經並斷肉律若至涅槃云何無斷肉事答律接續初教所以如此

問律既云接續初教至於涅槃既至涅槃則應言斷肉答若制教邊此是接續初教通於五時不言一切皆同僧辯解正齊此

問法師既是大律師爲衆開導今日大衆取判法師不得言齊此齊此亦不得任不齊此亦不得任只問此是優波離律不答是

問佛般泥洹時優波離既親在座云何律文不斷食肉答此是接續前近教　問若言接近教近教亦不明食肉且涅槃前迦葉已持修行不食肉法律若異此則非優波離律是異部家律云何用此講說以化群僧僧辯不復奉答　制問寶度法師說既同德同行云何解此語寶度奉答若律中事是優波離所出經事悉是阿難所出　問若介律中事便當皆不出經答若經中事牽律律中事牽經問佛說經時有所制約便集以爲律何處方復牽律若經皆牽律是則說經應在律後答只言經中有明戒處愚謂應相關涉

問若論相涉三藏義何嘗不相涉修多羅中亦有毗尼與毗曇毗尼中亦有修多羅與毗曇毗曇中亦有修多羅與毗尼不言無此義但問法師今所講律是優波離律義不違經不荅今所講是優波離律與經不違　問若是優波離律不違經者則斷肉義不應異涅槃答涅槃經顯斷肉律文雖不明而優波離意未嘗開肉　問律既是具敎優波離既不開肉律何得無文法師此解殊爲進退只可爲寺中沙弥式叉摩尼説不得以此答弟子

答寶度愚解止自極此

制又問下座諸律師復云何解龍光寺道恩

奉荅律文不斷涅槃方斷肉經　問法師所講是誰律答是佛律　問所引乃極弘曠只未知此律是優波離律不答優波離仰述佛律
問優波離悉集佛所説不答集前四時不集涅槃時

問若尒迦葉那得語阿難道佛從何處説法至涅槃時集修多羅藏語優波離道佛從何處説法至涅槃時集毗尼藏云何得言唯取前四時不取涅槃答涅槃時不復制戒

問涅槃云夫食肉者斷大慈種我從今日制諸弟子不得復食一切肉一切悉斷及自死者如此制斷是戒非戒道恩不復奉答

制又問諸律師親自講律諸大法師盡講大涅槃經云何有時解素素是何義若不解是素解則非素素若使得不素戒既是淨亦可得使淨爲不淨不諸經律師親違此教外書所云自踰短垣竊簡書法正是此義宣武寺法寵奉答開穢門稱爲素開穢門稱不素

問若尒衆僧云何開穢門答實自不應得開但貪欲情深所以如此　問云何懺悔苦懇惻至心是爲懺悔若能懺悔是大丈夫

問諸學人即時懺悔不故如弟子請諸法師動至千數導師唱導令懺悔者于時諸法師懺悔已不答那得不懺　問若懺竟出寺更

食肉不答居然不食但其中有無明多者或亦不免更食

問出寺更食何如發初作者輕重荅一種

問云何一種初直尒而食後巳經於諸佛前誓方復更噉云何一種答初人無慙愧後人有慙愧乃得有勝初人義　問若尒但先道慙愧痛打前人而道我慙愧汝我打汝我慙愧汝我食汝答如大邪見人無慙愧其旣知慙愧故知羞不慙者

問先道慙愧而猶噉食此是知而故犯非謂慙愧若使先時不知或是過誤後方起愧乃是慙愧豈非知而故犯其罪大於不知又復

慚愧不得重犯如其重犯復是違破初心論此爲罪所以弥大答經有成文者耆婆云汝有慚愧故罪可滅慚愧即是清白法

問法師是得經言不得其意此明若作罪後方知慚愧此爲白法不言發初慚愧而故作罪以爲白法答經又道慚愧爲上服若尒便有非上服義問義亦如此若正作罪雖云慚愧終無所益若作罪後能生慚愧者乃是上服法寵無復答法寵奉答事畢三律師並下

又勑始興寺景猷昇高座讀楞伽央掘摩羅經所明斷肉經文今載如左

大般涅槃經四相品上第七 此品今月二十三日曾已唱此文法雲法師解說今二十九日不復重唱

尒時迦葉菩薩白佛言世尊食肉之人不應施肉何以故我見不食肉者有大功德佛讚迦葉善哉善哉汝今乃能善知我意護法菩薩應當如是善男子從今日始不聽聲聞弟子食肉若受檀越信施之時應觀是食如子肉想迦葉菩薩復白佛言世尊云何如來不聽食肉善男子夫食肉者斷大慈種迦葉又言如來何故先聽比丘食三種淨肉迦葉是三種淨肉隨事漸制迦葉菩薩復白佛言世尊何因緣故十種不淨乃至九種清淨而復不聽佛告迦葉亦是因事漸次而制當知即是現斷肉義迦葉菩薩復白佛言云何如來

稱讚魚肉爲美食耶善男子我亦不說魚肉之屬爲美食也我說甘蔗粳米石蜜一切穀麥及黑石蜜乳酪酥油以爲美食雖說應畜種種衣服所應畜者要是壞色何況貪著是魚肉味迦葉復言如來若制不食肉者彼五種味乳酪酪漿生酥熟酥胡麻油等及諸衣服憍奢耶衣珂貝皮革金銀盂器如是等物亦不應受善男子不應同彼尼乾所見如來所制一切禁戒各有異意故聽食三種淨肉異想故斷十種肉異想故一切悉斷及自死者迦葉我從今日制諸弟子不得復食一切肉也迦葉其食肉者若行若住若坐若卧一切衆生聞其

肉氣悉生恐怖譬如有人近師子已衆人見之聞師子臭亦生恐怖善男子如人噉蒜臭穢所惡餘人見之聞臭捨去設遠見者猶不欲視況當近之諸食肉者亦復如是一切衆生聞其肉氣悉皆恐怖生畏死想水陸空行有命之類悉捨之走咸言此人是我等怨是故菩薩不習食肉爲度衆生示現食肉雖現食之其實不食善男子如是菩薩清淨之食猶尚不食況當食肉善男子我涅槃後無量百歲四道聖人悉復涅槃正法滅後於像法中當有比丘似像持律少讀誦經貪嗜飲食長養其身其所被服麤𩐉醜惡形容憔悴無

有威德放畜牛羊擔負薪草頭鬚髮爪悉皆長利雖服袈裟猶如獵師細視徐行如猫伺鼠常唱是言我得羅漢多諸病苦眠卧糞穢外現賢善內懷貪嫉如受瘂法婆羅門等實非沙門現沙門像邪見熾盛誹謗正法如是等人破壞如來所制戒律正行威儀說解脫果離不淨法及壞甚深秘密之教各自隨意反說經律而作是言如來皆聽我等食肉自生此論言是佛說互共諍訟各自稱是沙門釋子善男子尒時復有諸沙門等貯聚生穀受取魚肉手自作食執持油瓶寶蓋革屣親近國王大臣長者占相星宿勤修醫道畜養

奴婢金銀琉璃車璖馬瑙頗梨眞珠珊瑚琥珀璧玉珂貝種種菓蓏學諸伎藝畫師泥作造書教學種殖根栽蠱道呪幻和合諸藥作倡伎樂香花治身摴蒲圍碁學諸工巧若有比丘能離如是諸惡事者當說是人眞我弟子尒時迦葉復白佛言世尊諸比丘比丘尼優婆塞優婆夷因他而活若乞食時得雜肉食云何得食應清淨法佛言迦葉當以水洗令與肉別然後乃食若其食器爲肉所汙但使無味聽用無罪若見食中多有肉者則不應受一切現肉悉不應食食者得罪我今唱是斷肉之制若廣說者則不可盡涅槃時到

是故略説是則名爲能隨問答

楞伽阿跋多羅寶經卷第四

尒時大慧菩薩以偈問言

彼諸菩薩等　志求佛道者　酒肉及與葱
飲食爲云何　唯願無上尊　哀愍爲演説
愚夫所貪嗜　臭穢無名稱　虎狼所甘嗜
云何而可食　食者生諸過　不食爲福善
唯願爲我説　食不食罪福

大慧菩薩説偈問已復白佛言唯願世尊爲我等説食不食肉功德過惡我及諸菩薩於現在未來當爲種種悕望肉食衆生分别説法令彼衆生慈心相向得慈心已各於住地

清淨明了疾得究竟無上菩提聲聞緣覺自地止息已亦得逮成無上菩提惡邪論法諸外道輩邪見斷常顛倒計著尚有遮法不聽食肉況復如來世間救護正法成就而食肉耶佛告大慧善哉善哉諦聽諦聽善思念之當爲汝說大慧白佛唯然受教佛告大慧有無量因緣不應食肉然我今當爲汝略說謂一切衆生從本已來展轉因緣常爲六親以親想故不應食肉驢騾駱駝狐狗牛馬人獸等肉屠者雜賣故不應食肉不淨氣分所生長故不應食肉衆生聞氣悉生恐怖如旃陁羅及譚婆等狗見憎惡驚怖群吠故不應食

肉又令修行者慈心不生故不應食肉凡愚所嗜臭穢不淨無善名稱故不應食肉令諸呪術不成就故不應食肉以殺生者見形起識深味著故不應食肉彼食肉者諸天所棄故不應食肉令口氣臭故不應食肉多惡夢故不應食肉空閑林中虎狼聞香故不應食肉令飲食無節故不應食肉令修行者不生厭離故不應食肉我常說言凡所飲食作食子肉想作服藥想故不應食肉聽食肉者無有是處復次大慧過去有王名師子蘇陀婆食種種肉遂至食人臣民不堪即便謀反斷其俸禄以食肉者有如是過故不應食肉復

次大慧凡諸殺者爲財利故殺生屠販彼諸愚癡食肉衆生以錢爲網而捕諸肉彼殺生者若以財物若以鈎網取彼空行水陸衆生種種殺害屠販求利大慧亦無不殺不求不想而有魚肉以是義故不應食肉大慧我有時說遮五種肉或制十種今於此經一切種一切時開除方便一切悉斷大慧如來應供等正覺尚無所食況食魚肉亦不教人以大悲前行故視一切衆生猶如一子是故不聽令食子肉尒時世尊欲重宣此義而說偈言

曾悉爲親屬　鄙穢不淨雜　不淨所生長

聞氣悉恐怖　一切肉與葱　及諸韮蒜等

種種放逸酒　修行常遠離　亦常離麻油
及諸穿孔床　以彼諸細蟲　於中極恐怖
飲食生放逸　放逸生諸覺　從覺生貪欲
是故不應食　由食生貪欲　貪令心迷醉
迷醉長愛欲　生死不解脫　爲利殺衆生
以財網諸肉　二俱是惡業　死墮叫呼獄
若無殺想求　則無三淨肉　彼非無因有
是故不應食　彼諸修行者　由是悉遠離
十方佛世尊　一切咸呵責　展轉更相食
死墮虎狼類　臭穢可厭惡　所生常愚癡
多生旃陀羅　獵師譚婆種　或生陀夷尼
及諸肉食性　羅剎猫狸等　遍於是中生

縛象與大雲　央掘利摩羅　及此楞伽經
我悉制斷肉　諸佛及菩薩　聲聞所呵責
食已無慙愧　生生常癡冥　先說見聞疑
已斷一切肉　妄想不覺知　故生食肉處
如彼貪欲過　障礙聖解脫　酒肉葱韮蒜
悉爲聖道障　未來世衆生　於肉愚癡說
言此淨無罪　佛聽我等食　食如服藥想
亦如食子肉　知足生厭離　修行行乞食
安住慈心者　我說常厭離　虎狼諸惡獸
恒可同遊止　若食諸血肉　衆生悉恐怖
是故修行者　慈心不食肉　食肉無慈慧
永背正解脫　及違聖表相　是故不應食

得生梵志種　及諸修行處　智慧富貴家
斯由不食肉
央掘摩羅經第一卷
上座迦葉捨種種甘膳之食捨肉味食受持
修行不食肉法　第二卷云
文殊師利白佛言世尊因如來藏故諸佛不
食肉耶佛言如是一切衆生無始生死生生
輪轉無非父母兄弟姊妹猶如伎兒變易無
常自肉他肉則是一肉是故諸佛悉不食肉
復次文殊師利一切衆生界我界即是一界
所宅之肉即是一肉是故諸佛悉不食肉文
殊師利白佛言世尊珂貝蠟蜜皮革繒綿非

自界肉耶佛告文殊師利勿作是語如來遠
離一切世間如來不食若言習近世間物者
無有是處若習近者是方便法若物展轉來
者則可習近若物所出處不可習近若展轉
來離殺者手則可習近文殊師利白佛言今
此域中有一皮師能作革屣有人買施是展
轉來佛當受不復次世尊若自死牛牛主從
旃陀羅取皮持付皮師皮師師作革屣施持戒
人此展轉來可習近不佛告文殊師利若自
死牛牛主持皮用作革屣施持戒人爲應受
不若不受者是比丘法若受者非慈悲然不
破戒

唱經竟制又語諸僧道諸小僧輩看經者遍
互言無斷肉語今日此經言何所道所以唱
此華屣文者本意乃不在此正為此二十三
日法雲法師講涅槃斷肉事于時僧正慧超
法寵法師難云若經文究竟斷一切肉乃至
自死不得食者此則同尼乾斷皮革不得著
華屣若開皮革得著華屣者亦應開食肉法
雲法師乃已有通釋而二法師難意未了于
時自仍通云若是聖人故自不著此物若中
行人亦不著此著此皆是下行人所以不同
尼乾者語有所含若無麻紵之鄉亦有開皮
華義論有麻紵處大慈者乃實應不著但此

事與食肉不得頓同凡著一華嚴經久不壞
若食噉衆生就一食中便害無量身命况日
日餐咀數若恒沙亦不可得用華嚴以並斷
肉于時諸僧乃無復往復恐諸小僧執以爲
疑方成巨蔽所以唱此不受華嚴文正欲釋
一日所疑非關前制凡噉肉者是大罪障經
文道昔與衆生經爲父母親屬衆僧那不思
此猶忍食噉衆生已不能投身餓虎割肉貿
鷹云何反更噉他身分諸僧及領徒衆法師
諸尼及領徒衆者各還本寺宣告諸小僧尼
令知此意
制説此語竟僧尼行道禮拜懺悔設會事畢

出其晚又勑員外散騎常侍太子左衛率周捨曰法寵所言慙愧而食衆生此是經中所明羅刹婦女云我念汝我食汝法寵此心即是經之羅刹

又勑捨云僧辯所道自死肉若如此説鴟鴞鳩鴿觸處不死那不見有一自死者麞鹿雉兎充滿野澤亦不曾見有一自死者而覓死肉其就屠殺家覓死魚必就罾網處若非殺生豈有死肉經言買肉與自殺此罪一等我本不自爲正爲諸僧尼作離苦因緣又勑捨云衆生所以不可殺生凡一衆生具八萬戸蟲經亦説有八十億萬戸蟲若斷一衆生命

即是斷八萬戶蟲命自死衆生又不可食者
前所附蟲雖已滅謝後所附蟲其數復衆若
煮若炙此斷附蟲皆無復命利舌端少味害
無量衆生其中小者非肉眼能觀其中大者
灼然共見滅慈悲心增長惡毒此實非沙門
釋子所可應行

又勑捨云衆僧食肉罪劇白衣白衣食肉乃
不免地獄而止是一罪至於衆僧食肉既犯
性罪又傷戒律以此爲言有兩重罪若是學
問衆僧食肉者此爲惡業復倍於前所以如
此既親違經教爲人講説口稱慈悲心懷毒
害非是不知知而故犯言行既違即成詭妄

論學問人食肉則罪有三重所以貴於解義
正爲如說修行反復噉食魚肉侵酷生類作
惡知識起衆怨對墜墮地獄疾於擴矛善惡
報應必也不亡凡出家人實宜深思
又勑捨云聲聞受律儀戒本制身口七支一
受之後乃至睡眠悶等律儀恒生念念得未
曾有律儀所以尒者睡眠等非起惡心故不
損不失乃至常生若起欲殺心於聲聞法雖
不失身口戒而於戒有損非唯損不殺戒亦
兼汙餘戒至於手夾齒齧動身口業則失身
口戒尒時律儀無作即斷不續既失不殺戒
亦損汙餘戒所以尒者旃陀羅人爲屠肉時

爲何等人殺 正爲食者若食肉者即有殺分於不殺戒即成有鈌若謂於善律儀受殺生分於不殺戒無所鈌者是不善律儀人持八戒齋是惡律儀猶應相續若惡律儀人持八戒齋惡律儀不復相續者是知善律儀人受諸殺分是不殺戒即時便鈌別解脫戒不復解脫惡律儀人無論持八戒齋但起一念善心惡律儀即斷若一念不斷多念亦應不斷若多念斷是知一念時斷善律儀人其事亦尒無論受諸殺分有少殺分不殺律儀即時亦斷菩薩人持心戒故自無有食衆生理若鈌聲聞戒終不免地獄等苦

廣弘明集卷第二十六　聚

喁喁愚恭反衆口也哨才笑反丨爵也馴擾旬遶二音馴順也饕餮

叨鐵二音貪財曰饕貪食曰餮欽啖下音淡蠶衣上昨含反醞釀

下尼向反勸勗下許王反形懍下良吉反悚也糜碎上密碑反正作麋丨

壞也慘慼上倉感反下倉曆反慨怨上苦愛反嘆也下音宛丨鞴也抵音底

丨拒犧牲上興宜反下音生祭畜也甘腴下羊朱反肥也爚蘥上音藥湯

煠也正作瀹下古典反蚕丨也俗作蠒爛蛾上郎且反下音我蚕化也懸庖

下步交反厨也登俎下音阻肉机也鮪為水反魚名肫下音屯小猪也蠡

直利反猜別名枲麻上息里反丨丨麻也攘寒上而羊反却也繒纊上自

陵反丨綵也下苦況反細綿也盧阜上力居反下音婦山名烹牢上疋庚反

煑也下音勞牛也驟床瘦反走也炮肉上步交反燒也橾槩上七到反

志丨也下古愛反氣丨也殫音丹盡也腐扁上音父丨爛也侈昌氏反奢丨

岏愚官反人名蛆之上子余反蝍蛆蟲名一云蜈蚣蠏胡買反螃丨躁
擾上則到反蒭蕘上昌朱反下音饒同前瓦礫下音曆挫折上則
卧反又七到反網罟下音古丨赤網也膳著上時扇反下音修食也茹
毛上而庶反藏蘊毛羽也一云茹食也陵轢下曆落二音怨酷上音冤下
苦篤反脃薄上七歲反不堅也歘彼上時軟反吁嘆負弱[鹿/見]下音
速鹿于也憐悼下音盜傷也撲揥上疋氷豕下他的反丨丨打也吞嚼
下才約反閑豢下音患以糠穀養畜曰丨重圈下渠轉反欄丨揣毛上初
委反丨度支剥下必角反誣音無誑也晨鳧上宜作昇下音扶水鴨也騶
虞上側愁反仁獸也蒐捕上所愁反下音步丨丨春獵也祈寒上正作祁
音祇丨盛也江睍下音況獵良輒反俗作獵憚徒且反畏也亶多罕
反昂吾剛反褻衣上青薛丨丨內服也牲牷生全二音祭畜純色曰牷
下同血膋下音寮脂膏也無忒下他得反差丨禴祭上音藥薄祭也

枚音梅个也啾啾子由反小聲也雞雛下助俱反鷄子也鱓音善
魚似鱧也飼詩尚反食物所贈曰丨讌於見反飲丨也縄解下去聲自脱謂
之丨一攣下呂兖反肉丨縣廨下古賣反公舍也屛除上音併
徑來上古定反痒音養爬搔上步麻反下蘇刀反爪痒也癋
疹隱軫二音皮上細起也手腕下烏貫反豪侈下昌介反丨丨巨富
偉羽鬼反淀中上音殿淺水也齧之上魚結反齩丨蕭衍下音演

懷挾下胡怗反崎嶇上丘奇反下丘愚反丨丨艱險也罝罘嗟浮二音
禽兎之網也網罟下音古魚網也瑕戶加反過也鴟鴞上尺脂反下烏
加反蝍蛆上音即下子余反丨丨蜈蚣別名甘蔕下音帶蚰別名
莊子曰蝍蛆丨丨犲大上音柴野犬也野犴下音干野狐也炮步交反丨
煨刳腸上音枯剖也跛必我反脚病也蹇居展反行不正皃瘍音羊
頭瘡病疥音界癬息淺反疥丨瘤音留皮上結起也癭於頸反項下氣

病也瘑古和反瘡也疵疾斯反身上疵病也癰紆恭反丨癤癤音節熱結
也痔直里反下部病疽七徐反丨瘡病瘻音漏痔丨癩音賴惡瘡病患也
蚤音早狗丨虱音瑟蚊音文虻莫庚反筋縮上音斤下所谷反咽
塞上音煙丨喉也下斯勒反蔣帝上子兩反糺舉上俱有反丨告也犍
槌上音乹下直追反策使上楚責反韋馱下唐賀反毗
紐下女九反摩醯下呼兮反疢塞上音側下粲則反倏
忽上音叔萊茹下而恕反腥臊上音星下蘇刀反羸冷上力垂反
嬈作上乃鳥反丨弄也一音遶丨亂也詺作上弥政反短垣下音園丨
牆也珂貝上苦何反螺寶也啖蒜上音啖食丨下音筭辛菜伺鼠上相
寺反候也華屣下所綺反皮履也果蓏下魯果反瓜之屬也在樹曰果在地
曰蓏蠱道上音古丨丨以毒害人也倡伎上音昌下其倚反樗蒲上丑
虗反丨丨賭戲也俸祿上房用反屠販下方万反韮葷久葷二音辛菜

也餐咀下才呂反丨嚼貿鷹上莫候反丨丨易也下於陵反丨鷂麞鹿
上音章雉兎上直介反野鷄也罾音曾網也攛矛上七官反丨擲也下
莫浮反丨矟也手挾下古狹反齒齧下吾結反

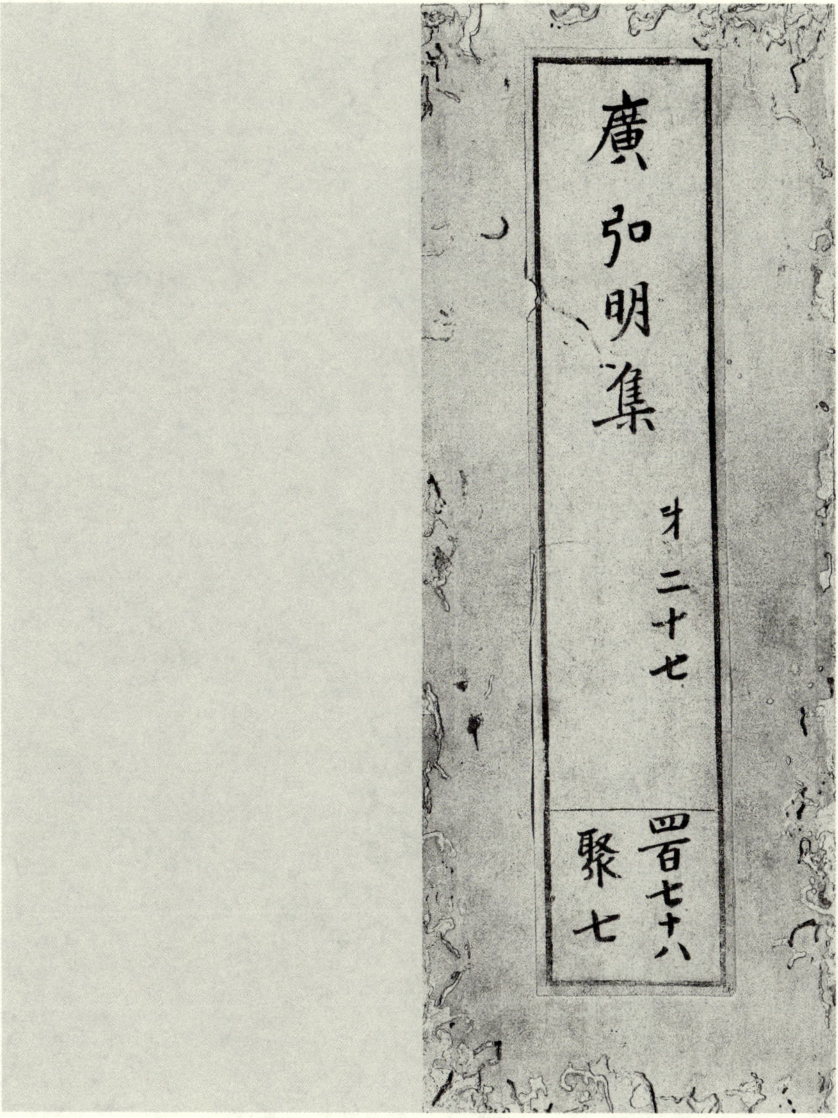
廣弘明集
才二十七
四百七十八
聚七

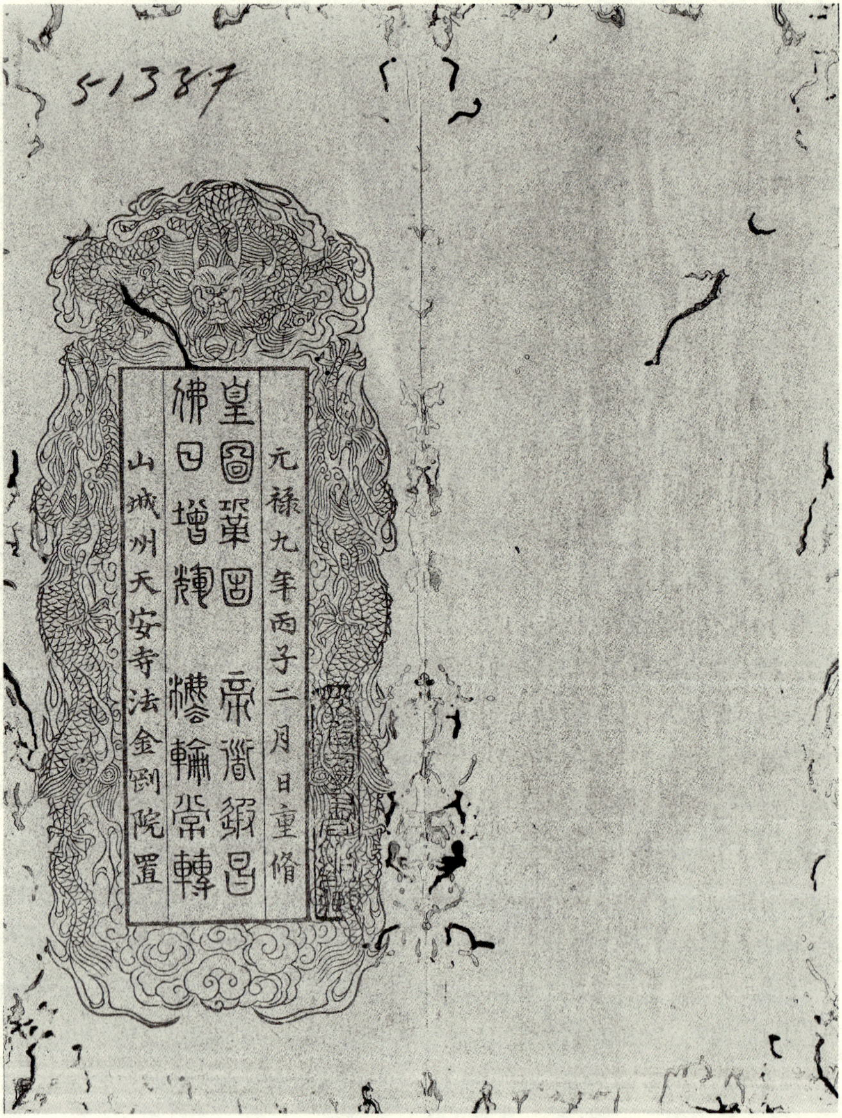

元祿九年丙子二月日重脩

皇圖鞏固　帝道遐昌

佛日增輝　法輪常轉

山城州天安寺法金剛院置

唐終南山釋氏道宣撰

戒功篇序

夫群生所以久流轉生死海者良由無戒德之舟艥者也若秉戒舟鼓以慈棹而不能横截風濤遠登彼岸者無此理也故正教雖多一戒而為行本其由出必由户孰莫由斯戒矣是以創起道意先識斯門於諸心境等度懷行其狀如何故論云夫受戒者慈悲為務於三千界内萬億日月上至非想下及無間所有生類並起慈心不行殺害或盡形命或至成佛長時類通統周法界此一念善功滿

虛空其德難量惟佛知際不殺旣尒餘業例
然由斯戒德故能遠大所以上天下地幽顯
聖賢莫不遵祖此緣用爲基趾經不云乎戒
如大地生成住持出有心發是曰生也聖道
良資是曰成也法延六萬是曰住也保任三
業是曰持也諸餘善法蓋關此功有入此門
便稱聖種乖斯妄立是謂邪流長淪苦海出
濟無日自法移東夏千齡過半在魏嘉平方
聞戒法自尒迄今道俗流布然大聖垂教知
幾厥先故使俗士憲章則有具有缺道人律
儀有小有大所以五戒八戒隨量制開對境
無非戒科約分任其力用是謂接俗之化不

可定其時緣出家據道異於俗流備足時緣無開階級雖復位分大小兩學就行齊均上下五衆約過品類乃殊結正同存一戒戒者警也常御在心清信所存聞諸視聽故舉數四知奉法之有人焉

梁代弘明集戒功篇録

唐廣弘明集戒功篇録

晉沙門釋慧遠與劉遺民書

梁元帝與蕭諮議等書

梁簡文與湘東王書

陳律師曇瑗與朝士書

陳沙門釋慧津與瑗律師書并答

隋煬帝與智者顗禪師書
隋煬帝受菩薩大戒文
隋智者大師與煬帝書
唐終南山釋氏統略齊文宣淨行法門

與隱士劉遺民等書　晉廬山釋慧遠

彭城劉遺民以晉太元中除宜昌柴桑二縣令值廬山靈邃足以往而不反遇沙門釋慧遠可以服膺丁母憂去職入山遂有終焉之志於西林澗北別立禪坊養志閑處安貧不營貨利是時閑退之士輕舉而集者若宗炳張野周續之雷次宗之徒咸在會焉遺民與群賢遊處研精玄理以此永日遠乃遺其書每

尋疇昔遊心丗典以爲當年之華苑也及見
老莊便悟名教是應變之虛談耳以今而觀
則知沉冥之趣豈得不以佛理爲先苟會之
有宗則百家同致君諸人並爲如來賢弟子
也策名神府爲日已久徒積懷遠之興而乏
因籍之資以此永年豈所以勵其宿心哉意
謂六齋日宜簡絕常務專心空門然後津寄
之情篤來生之計深矣若染翰綴文可託興
於此雖言生於不足然非言無以暢一詣之
感因驥之喻亦何必遠寄古人於是山居道
俗日加策勵遺民精勤偏至具持禁戒宗張
等所不及專念禪坐始涉半年定中見佛行

路遇像佛於空現光照天地皆作金色又披袈裟在寶池浴出定已請僧讀經願速捨命在山一十五年自知亡日與衆别已都無疾苦至期西面端坐斂手氣絶年五十有七先作篤終誡曰皇甫謐遺論佩孝經示不忘孝道蓋似有意小兒之行事今即土爲墓勿用棺槨子雍從之周續之等築室相次各有芳績如别所云

與蕭諮議等書　梁元帝

蓋聞圓光七尺上映眞珠之雲面門五色旁臨珊瑚之地化爲金案奪麗水之珍變同珂雪高玄霜之彩豈不有機則感感而遂通有

神則智智而必斷故碧玉之樓昇堂未易紫紺之殿入室為難必須五根之信以信為首六度之檀以檀為上故能捨財從信去有即空率斯而談良可知矣竊以瑞像放光倏將旬日蹈舞之深形於寤寐抃躍之誠結於興寢稍覺十字之蒸嗤何曾之饌五鼎之味笑主偃之辭黿羹麟脯空聞其說羊酪猩脣曷足云也困于酒食未若過中不餐螺蛭登俎豈及春蔬為淨欲吾子三日潔齋自寅至戌一中而已自有米如王銑鹽類虎形雲夢之芹遼東之藻十斤之梨千樹之橘青筍紫薑固粟霜棗適口充腸無索弗獲八功德水並

入法流四王俱至偕讓弘道同志爲友豈不
盛歟蕭繹䟽

荅湘東王書　　梁簡文

十八日晚於華林閤外省中得弟九月一日
書甚慰懸想秋節淒清比如常也州事多少
無足廢勞濠梁之氣不異恒日耋盡怡悦時
有樂事遊士文賓比得談賞終宴追隨何如
近日注漢功夫轉有次第思見此書有其飢
慤吾蒙受菩薩禁戒蓮預大士此十二日便
於東城私懺十七日旦早入寶雲壁門照日
銅龍吐霧紅泉含影青蓮吐芳法侶成群金
山滿座身心怏樂得未曾有昨旦平等寺法

會中後無礙受持天儀臨席睟容親證拜伏
雖多疲勞頓遣剃頂之時此心特至心口自
謀併欲剪落無疑馬援遣蝨之談不辭應氏
赤壷之諷僧璡典議不異昔日竟日問璡殊
均子路探鉤取名名曰因理皇情印可令便
奉行昨晡後方還所住徐摛庾吾老恒日名
鏡遠在直時來左右但不得倜儻殊異盤下
之時稍習節文欲避酒泉之職尹王相去既
介弥伸欵對臨汝侯比多屬疾來宮小稀其
間信使差得不簡曄兼詹事睐爲洗馬時伸
話言數語論辯句之侯東撫復成離闊衡山
九嶷尋應引邁臨岐有歎望水興嗟但吾自

至都巳來意志忽恍雖開口而笑不得眞樂
不復飲酒垂二十旬次公醒狂自成無理知
耆艾數信述吾經過適憶途遵江夏路出西
浮日月易來巳涉秋暮而韋述有長沮之弊
必笑之灾術巽葛仙形均荀序弟復資其粮
饑特爲經營轉禍爲福事均北叟分別巳來
每增慨憶歎因月積想逐時旋每有西鄣事
同撫髀相見之期未知何日瞻言玉嶺靜對
金闕懷勞之深未常弭歇善自保惜及此不
多綱疏

與梁朝士書　　瑗律師

光宅寺曇瑗白竊惟至人垂誨各赴機權故

外設約事三千内陳律儀八萬誡復揩訓異門無非懲惡孔定刑辟以詰姦究釋敷羯磨用擯違法二聖分教别有司存頃見僧尼有事每越訟公府且内外殊揆科例不同或内律爲輕外制成重或内法爲重外網更輕凡情僶俛肆其阿便若苟欲利己則捨内重而附外輕若在陷他則棄内輕而依外重非唯穢黷時宰便爲頓乖理制幸屬明令公匡弼社稷和燮陰陽舟檝大乘柱石三寶遐邇向風白黑兼慶貧道忝居僧例頗曾採習毗尼累獲僧曹送事訪律詳決尋佛具切戒國有憲章維僧家諍執未審依何析斷謹致往牒佇

奉還旨庶成約法永用遵模釋曇瑗呈

與瑗律師書 并荅 釋惠律

惠律和南竊聞尋師萬日以禮見知而律伏奉未淹過蒙優接昔鄒陽上書乃可引爲上客宋王陳賦則賜以良田且復康會來吴才湛師表摩騰入漢行合律儀者哉故知道寄人弘德不孤立儔今訪古並非其例豈可虛孤寵靈坐安隆渥便是名踰分外譽超身表但法輪初啓請業者如雲非直四海同風天下慕義遂令負笈之徒排肩自遠歸仁之士繼踵來儀華陰成市曾何足云舉袂如帷豈得獨高前代況乃闡禪定之初門開智慧之

燈炬信實傾河倒海宣説不窮先進者陷於
金城後生者摧其利齒可号熏修戒善能於
十地纓絡穿持身行則使八正莊嚴允穆聖
凡叶和幽顯加有懷鉛握錐之好聚螢流麦
之勤或剖蜯求珠開河出寳而惠津一介無
取内外聲聞周學謝懸鍾言慙散枌同斯曲木
空廁直蔭頻此蒹葭謬参王樹乃知滄溟汪
濊不待毫滴之珠華岳穹崇寧俟遊塵之壤
譬兹秋鳳如彼春林墜獨葉不預百枝落一
毛何關六翮正言身名仰委臟途憑累區區
寸誠踰如皎日不意三邊有務四郊多壘致
使虧賛講莚請益成廢及言悲鯁寧可具披

所冀難靜障除更敦諮受不任戀結行遺袛

承惠津和南

璦律師荅

信來枉告良用憮然余學懃枝癢人非准的中間雖曾講授不異管內闚天豈足作範後昆踵武前哲蓋身疾弗瘳門人引去一師盛業廢而莫傳五十之年忽焉將至長夜永懷惆悵何已每有好事者日相請逼遂以罷老復成自勵如法師數子本出名家洛下奇才當今利齒必欲探覈論部任持律藏方爲美器日見絕塵復有海表奇僧聚中開士皆學無常師不遠而至訪道質疑足稱一時之樂

不意胡兵犯躍虜馬飲江塔廟焚如義徒道殣即日京華故老倚席不談乃復爰訪幽阿令其訓導久廢無次何以誨人故乃荆棘生乎口中雌黃謬於舌杪矣煎水求冰未足爲喻佇能近顧方陳寸款牋白

隋煬帝於天台山顗禪師所受菩薩戒文

弟子基承積善生長皇家庭訓早趨胎教夙漸福履攸臻妙機須悟恥崎嶇於小徑悕優遊於大乘笑息止於化城擔舟航於彼岸開士萬行戒善爲先菩薩十受專持最上喻造宮室先必基趾徒架虛空終不能成孔老釋門咸資鎔鑄不有軌儀孰將安仰誠復能仁本

爲和上文殊冥作闍梨而必藉人師顯傳聖
授自近之遠感而遂通波崙鏧髓於無竭善
財亡身於法界經有明文非徒臆說深信佛
語幸遵時導　禪師佛法龍象戒珠圓淨定
水清澄因靜發慧安無礙辯先物後己謙挹
成風名稱遠聞衆所知識弟子所以虔誠遥
注命檝遠迎每慮緣差值諸留難亦既至止
心路豁然及披雲霧即銷煩惱以年月日於
楊州金城設千僧會敬受菩薩戒戒名爲孝
亦名制止方便智度歸宗奉極作大莊嚴同
如來慈普諸佛愛等視四生猶如一子云云
既受戒已便舉法名詔帝爲揔持菩薩也帝

頂受已白曰大師禪慧内融導之以法澤可
奉名爲智者斯同梁高舉約法師之徽号矣

天台智者禪師與煬帝書

文多不載備所撰續高僧傳

統略淨住子淨行法門序

終南太一山釋氏　道宣

夫淨住之來其流尚矣祖述法王開化導達之方統引群生履信成濟之務也是以正法存没畢乗信毀之功神用昏明終藉惰勤之力竊聞輪王興運肇於有劫之初法主膺期開於濁惑之始其故何耶良有以也諒由渟薄結於夙心故使機感隆於視聽自教流震

土六百餘年道俗崇仰其蹤可悉至於知機明略弘贊被時垂清範於遺黎導成規於得信者斯文在斯可宗鏡矣昔南齊司徒竟陵土文宣公蕭子良者崇仰釋宗深達至教注釋經論鈔略詞理掩邪道而闢正津弘一乘而想七衆世稱筆海時号智山或通夢於獨追諡天王之嘉稱或冥授於經唄傳神度之英規其德難詳輒從蓋闕以齊永明八年感夢東方普光世界天王如來樹立淨住淨行法門因其開衍言淨住者即布薩之翻名布薩天言淨住人語或云增進亦稱長養通道及俗俱稟修行所謂淨身口意如戒而住故

曰淨住也子者紹繼爲義以三歸七衆制御
情塵善根增長紹續佛種故曰淨住子也言
淨行法門者以諸業淨所以化行於世了諸
法門故有性相差別始於懷鉛終於絶筆凡
經七旬兩袠都了遂開筵廣第盛集英髦躬
處元座談敘宗致十衆雲合若赴華陰之墟
四部激揚同謁靈山之會咸曰聞所未聞清
心傾耳故注表通德體道秉權綜而習之用
開靈府陳平隋統被及關河傳度不虧備于
藏部後進學寡識昧前修曾不披尋任情抑
斷号曰僞經相從捐擲斯徒衆矣可爲悲夫
余以暇景試括檢之文寔菁華理存信本矣

故知今所學教全是師心心何可師一至如此是以智度論云佛滅度後凡所製述弘贊佛經者並号阿毗達磨即十二部經之所攝也聖教明詇理絶凡謀但以初學惑昧未能瞻及輒又隱括略成一卷撮梗槪之貞明摘扶踈之茂美足以啓初心之跬步標後銳之前蹤又圖而讚之廣于寺壁庶使愚智齊曉識信牢強萬載之道遐開七衆之基成立敬而信者是稱淨行之人宗而行之不亡淨住之目貽厥諸友知其意焉

淨住子淨行法　南齊文宣公

皇覺辨德門第一

九十六種道而佛道爲最上勝者非無其義
夫立名所以表德非德無以顯名有名未必
具德有德名非虚唱是知名有眞假德有虚
實豈可道俗混同竊名假實而不辨析者乎
今覩殊教異軌分衢舛迹未嘗不有其名而
闕其德不無其稱而求其用是知有名無德
者外道也有德有名者佛道也譬若濟海託
舟踐途寄足故經云直心是道場無虚假故
發行是道場能辦事故如是四弘六度俱稱
道場藉如此之勝因獲若斯之妙果所以解
脱去其累般若窮其照相好表其容法身顯
其德語其至仁則三念齊想言其自在則無

畏獨步談其累功則十力爲用仰其妙極則不共之法神通方便無量法門洞達三世了照萬有卓然明顯英聖超群故号如來十号具足既自覺於生死昏夜又復起於未覺悟者斯可謂有其名德無不包具其美德無不備故知形端則影直聲誰則響和未見貌醜鑒鏡有悅目之華體矬照水發溢群之觀書云不登山無以知天之高不測水無以知地之厚也凡如斯之異學皆漏於佛之大道矣故經云世間亦有常樂我淨出世亦有常樂我淨世間者有名無義出世者有名有義故六師結誓經問佛名德佛荅云

最正覺自得　不染一切法　一切智無畏
自然無師保　至獨無等倫　自獲於正道
如來天人尊　一切智無畏
今各既知至德有歸邪正異趣善惡分逕凡聖路隔幸得信因果悟非常順智流入正道諸聖並能悼川上之不追悟交臂之潛往病生滅之無窮慕我淨之恒樂凡我咸已仰風餐化割愛辭榮豈得不懍然增到形命相競者乎故當清和其性哀愍有形等心存濟以法惠施不犯不取有求不逆常志大乘內外相副是名具足清淨度門

辨德門頌　南齊秘書丞王融

紫賓昧朱狂斯濫哲舛迹揚鑣分源競柚麗景或幽澄舒每鈌水激波生煙深火滅情端徒揔理向空徹不有明心誰驅聖轍

開物歸信門第二

如來愍念衆生愛同一子何常不以善權方便弘濟益之律乎所以垂形丈六表現靈儀隨方應感法身匪一及其金容託體相好莊嚴顯發衆生欣樂瞻覩行則大千震動衆魔懾伏住則洞達諸定外道歸化坐則演示方等釋梵諮仰卧則開一實道三乘稟德言則三塗靜苦笑則四生受樂聞聲者證道見形者解脫當此之時豈不盛哉今者雖稟精靈

昬惑障重進不覩分衛國城退不聞八音辯說將由罪業深厚煩惱牢固非唯恐不見前佛後佛來聖近賢深憂惡道無由可絶發如此意實有切情之悲運如是想不覺痛心之苦豈容順黙馳流晏安苦海沉淪沸火而不自拔者乎當須慷慨凜厲挫情折意生增上心懺悔滅罪去諸塵累乃可歸信自不堅強其志亡身捨命捍勞忍苦銜悲惻愴者將恐煩惱熾火無由而滅無明重闇開了未期譬如牢獄重囚具嬰衆苦抱長枷牢大械帶金鉗負鐵鎖捶撲其軀膿瘡穢爛周遍形骸臭惡纏帀而欲以此狀求見國主貴臣雖復一

心無怠懇誠嘉到恐昇高殿踐王遲亦無由
而果假令懸念欲覩爲難何以故以其具諸罪
惡不離苦具故若去枷脫鎖洗垢嚴服王不
我礙自然而現今欲歸信亦復如斯將見如
來相好光明者先當淨身口意洗除心垢六
塵愛染永滅不起十惡重障淨盡無餘業累
既除表裏俱淨方可運明想於迦維標淸心
於寶刹去諸塵勞入歸信門必然仰覩法身
無礙如囚脫枷鎖自然見於王我今除煩惱
亦必覩諸佛若不如是雖復慇懃倍切直恐
障礙難通豈可不五體投地如太山崩一心
歸信無復疑想奉爲至尊皇太子七廟聖

靈龍神八部一切劇苦衆生敬禮十方一切三世諸佛求哀懺悔既悔已後常行柔軟調和心堪受心不放逸寂滅心真正心不雜心無貪惔心勝心大心慈悲安樂心善歡喜心度一切心守護衆生心無我所心如來心發如是等廣勝妙心專求多聞修離欲定奉戒清淨念報恩德常懷悦豫不捨衆生

歸信門頌

生浮命舛識因情違業雲結影慧日潛暉逶迤修道極夜無歸登山小魯泛海難泝叅珉見璧辨礫知璣迷其未遠匪正何依

滌除三業門第三

身口意三禍患之首故經云有身則苦生無身則苦滅既知其患苦則應挫而滅之滅苦之要莫過懺悔懺悔之法先當潔其心靜其慮端其形整其貌恭其身肅其容内懷慚愧鄙恥外發書云禮無不敬敖不可長又曰過而能改是謂無過經云於一切衆生敬之如親想各自省其過然後懺悔衆等從無始世界已來至於此生由於身意造諸苦業並緣愚癡多違至教遂乃憍慢懈怠形用不恭眠坐放逸行動輕傲或入出僧坊登上堂殿禮拜旋遶形不畢恭或於父母師長上中下座善友知識前服用不端動止乖法非禮而觀

用違體製或盜三寶財及親屬物一切他有抄掠強奪欺誑增減非分相陵或婬佚恣縱非時非處罔隔禽獸不避親族或造五逆水火焚澆攻略坑陷加毒無罪或剠劓刖刵考掠斫射傷毀斬截殘害剥裂屠割炮燒煑炙㷀瀹諸如此罪或爲婬欲或爲財利或爲慳貪或爲癡我無慚賢愚不愧聖達今思此過若影隨形怖懼慚愧悲惻懺悔痛苦懺悔已有相加害者從今已去爲眞善友生生相向以法示誨願十方佛特加攝念悔身業障永更不造　次懺口業此是患苦之門禍累之始書曰一言可以興邦一言可以喪國又曰

言行君子之樞機樞機一發榮辱之主經云不得離間惡口妄言綺語諂曲華詞構扇狡亂故知有言之患招報實重廣如自愛經彰斯業相又如經云失命因緣尚不妄語何況戲笑構扇是非常以直心懺悔口業　次懺意業意爲身口之本罪福之門書云檢七情務九思思無邪動必正七情者喜怒憂懼憎愛惡欲者也九思者視思明聽思聰色思溫貌思恭言思忠事思敬疑思問忿思難見利思義此皆所以洗除胸懷去邪務正經云不得貪欲瞋恚愚癡邪見故知萬惡川流事由心造何以知其然若曾緣心起故口發惡言

言由意顯便行重罪今欲緘其言而正其身
者未若先挫其心而次折其意故經云制之
一處無事不辦既心會於道身過不過而止意
順於理口失不防而滅然身口業麁易可抑
絕意造細微難可憗盡廣如諸經說其相狀
懺悔三業門頌
樂由生滅患以身全業資意造事假言筌利
衰毀倚榮辱茲纏蘖驥匪躡周鍇徒鐫慼端
夙緒愛境旌懸不勤一至何階四禪
修理六根門第四
經云罪無定相隨因緣造既是因緣而生今
亦隨因緣而滅前已懺其重惡則三業俱明

又欲莊嚴容體則須六根清淨同知心之驅役諸識亦猶君之摠策諸臣故書云君人者懍乎如朽索之御六馬言其畏敬御物不及於亡驗之此事曉然俱了但以萬境森然感發內外更相因倚搆接心識故經云心王若正則六臣不邪須各慙愧制馭根識如法句經心意品說昔有道人河邊學道但念六塵曽無寧息龜從河出水狗將噉龜龜縮頭尾四脚藏於甲中不能得便狗去還出便得入水道人因悟我不及龜放恣六情不知死至輪轉五道皆由意根故須摠明六根罪業我從無始巳來眼根因緣隨逐諸色見勝美之事

不能修學見不善之業隨順履行獲此雙眼其淨甚少惟見無慙無恥之色不見賢聖神通方便作用之色雖有雙目與盲不異是大可恥一也

我從無始已來耳根因緣隨逐外聲聞説正善言忠勸美不能修學反生憤結聞邪惡事歡然順行緣此因故唯聞一切不善音聲不聞清淨正法之聲十方諸佛常説妙法我今不聞生聾不異是大可恥二也

我從無始已來鼻根因緣若聞正教戒德妙香初不樂聞反生妨礙聞諸惡欲邪媚之香深心耽著由此業故墮大地獄生在邊地不

聞賢聖五分之香不聞三乘四攝等香使我輪迴常與善隔是大可恥三也

我從無始巳來舌根因緣造過特多貪著厚味不淨說法致此罪緣常論生死是大可恥四也

我從無始巳來身根因緣多造衆罪自重輕他增長癡愛由此業故得下賤報於佛勝緣無由攀附是大可恥五也

我從無始巳來意根因緣備造衆惡至人經教拔苦出要心不希行更生違拒乃學異論規啚罪種致無正信求名求利增長我見乖僻尤重臨死之時方悔虛過此大可恥六也

清淨六根門頌

傾都麗佳繞梁之曲肥馬輕裘蕙肴芳酥晦黑滋生昏囂競欲貌蕩魂浮身甘意觸靈蒸攝根情葵衛足蟲草或虞人如不勗

生老病死門第五

尋夫遠劫已來三業所纏六根所惑染愛潤業沉沒迄今生老病死實爲大苦故經云一身死壞復受一身生死無數盡天下草木斬以爲籌計吾故身不能數矣所以達人興厭高昇界繫之表愚夫貪生恒淪死生之獄故須識過可得長辭如胞胎經云衆生受胎冥冥漠漠狀若浮塵在胎十月四十二變識微

苦毒楚痛難忍臭處迫迮劇於牢獄飢渴寒
熱過於餓鬼母飽急塞母飢悶絕食冷如冰
食熱如火飲多如漂大海行急如墮險谷坐
久如土鎮笮立久如懸崩屋下熏上壓無時
不苦及將欲生倍復艱難如赤身赴刃叫聲
震烈雖具此苦復後不全若一日百日一月
十月或在胞胎墮落或出生母子喪命當思
此生實是大苦　次思老苦經云年耆根熟
形變色衰坐起苦極餘命無幾涅槃經云譬
如燈炷唯賴膏油膏油既盡炷非久人亦
如是唯賴壯膏壯膏既盡衰老之炷何得久
住又如折軸無所復用如遭霜花人不欲視

又經云是日已過命亦隨減如少水魚斯有何樂當思此老復爲大苦次思病苦皆由風寒冷熱食飲不節四時變改則水石乖扶況此假合之體危脆之形望免四大不虧百一無惱豈可得也及至苦患切身心煩愁塞求生不差求死不絶痛楚百端窮憂自結屎尿臭處妻子爲之改容形骸不攝傍人爲之變色況單身寄病誰肯提攜故經云慈父孝子至病死時不能相救此至言也實爲大苦次思死苦經云死者盡也氣絶神逝形體蕭索人物一統無生不終又經云去處懸遠而無伴侶無所破壞見者愁毒等經又云獨生獨

死身自當之幽冥幽冥會見無期是以聖人以身爲患豈復以死更受生乎往來五道勞我精神誓斷貪源絶其生本是故死苦實由此身如來出家立言此意

生老病死門頌

穠華易遷繁蕪不實星髮鮐肌鄰光愒日二豎潛言十翌空術生之往矣高松蕭瑟即化翻靈從緣墜質噬臍有識嗟然何[illegible]

剋責身心門第六

身爲苦本自所造集於生死中復增惡業不能改悔隨順佛語是故特須深自剋責經云見人之過口不得言己身有惡則應發露書

云聞人之過如聞父母之名耳可得聞口不得言又云君子顯其過　經云讚人之善不言己美　書云君子揚人之美不伐其善　經云恕己可爲譬勿殺勿行杖　書云己所不欲勿施於人　今以經書交映内外之教其本均同正是音殊名異若使理乖義越者則不容有此同致所以稱内外者本非形分但以心表爲言也　經云佛爲衆生説法斷除闇惑猶如良醫隨疾授藥書云天道無親唯仁是與若出家之人觀空無常厭離生死行出世法是則爲内乖此爲外在家之人歸崇三寶持戒修善奉行禮義是則爲内乖此

爲外今内外道俗共知内美之稱由心外惡之名在行豈得不捨外惡勤修内善若欲修行先自剋責當知求進是假名退檢是實法欲涉千里者必裹粮衞足而致也欲昇彼岸者必聚智粮具戒足登也所以能果者實由退檢覺察校試輕重故能却斷無明退截老死愚闇滅則慧光發四相遷則戒德顯故知廉退者進之兆也貪進者退之萌也夫求而獲者虚則實愛情深故有傾危墮墜之苦此外道之法也退而獲者實則意無深戀故得常安涅槃之樂斯佛道之法也今者但應退檢不及以自責躬若志求進必損我傷物退

察檢失則彼我兼利當知剋責心口是八正之路檢察身行是解脫之蹤是故如上善自剋責則無善而不歸也

剋責心行門頌

瞻彼進德莫敢慼遑顧咨小智徒以太康豈無通術跂此榛荒雖有重離迹照螢光循情内負撫事外傷層羅一舉空念高翔

檢覆三業門第七

剋責之情猶昧審的之旨未彰故以事檢心校所修習既知不及弥增悚惡何謂檢校檢我此身從旦至中從中至暮從暮至夜從夜至曉乃至一時一刻一念一頃

有幾心幾行幾善幾惡　幾心欲摧滅煩惱
幾心欲降伏魔怨　幾心念三寶四諦
幾心念苦空無常　幾心念報父母恩慈
幾心願代衆生受苦　幾心發念菩薩道業
幾心欲布施持戒　幾心欲忍辱精進
幾心欲禪寂顯慧　幾心欲慈濟五道
幾心欲勸勵行所難行　幾心欲起求辦所難辦
幾心欲忍苦建立佛法　幾心欲作佛化度群生
上巳檢心次復檢口如上時刻
從旦巳來巳得演説幾句深義
巳得披讀幾卷經典　巳得理誦幾許文字
巳得幾過歎佛功德　巳得幾過稱菩薩行

已得幾過稱讚隨喜　已得幾過迴向發願
次復檢身如上時刻
已得幾過屈身禮佛幾拜
已得幾過屈身禮法禮僧
已得幾過執勞掃墖塗地
已得幾過燒香散華然燈
已得幾過拂除塵垢正列供具
已得幾過懸幡表刹合掌供養
已得幾過遶佛恭敬幾十百帀
如是檢察會理甚少違道極多白淨之業裁
不足言煩惱重障森然滿目闇礙轉積解脫
何由如上檢察自救無功何有時閑議人善

惡故須三業自相訓責知我所作幾善幾惡

檢校行業門頌

渾風緬没旅俗膠加競文内疾誰覿心瑕冊

惟情反三省身華貴危窮濫貧懾豪奢邅迴

六蔽紛論七邪不啚厥始逸馬難罝

訶詰四大門第八 四大謂地水火風

上已檢校所行多諸癈惰由此四大招致懈怠是故訶詰令其覺悟夫三界遐曠六道繁滋莫不依因四大相資成體聚則爲身散則歸空然風火性殊地水質異各稱其分皆欲求適求適非一所以乖忤易動故一大不調四大俱疾乍增乍損痾疹續生風輕而地重

水冷而火熱互相煎惱無時得安經喻四蛇信哉可患又此四大無慙無恥無恩無義我今恐其不安所以資給所須然彼四大初無愧感何以知之至如悲風霜殞嚴冬雪零便須綿纊衣裘卧褥温室若季夏鬱蒸歊赫炎烈復須輕絺廣室風扇牙簟春秋改節氣候清爽復須輕輭服御乃至食則甘肥珍饍充滿飲則瓜果温漿冷水隨時資給安苦求樂此皆四大所須而我供贍未曾拒逆而此四大求索無慙不知有無有則充給不厭無則恐迫令得如飢須食不可暫闕脫致乖違内愁外戰增發火大不知我艱辛不恕我空乏之

唯欲貪求無有休息是名無慚云何無恥汝之所須無窮我隨給汝不少雖然當受初無愧容我既役智盡謀以相資贍而汝初無矜念於我於少日中不須衣食云何無恩今既得我如此供給未嘗爲我造作善事獲我衣食飽暖怡懌反更思念作一切惡少時禪誦禮拜即生懈怠云何無義此四大身不可期懷不可委信我今爲汝種種供須反復横起種種愛著驅逼於我行殺盜婬我既愚癡不能制革還相隨順生諸疾病或遭王法牢獄鞭杖爲汝所招我既嬰苦汝亦無利猶復不知更求更索從今日去不復隨汝流轉老

病生死大海汝當隨我行道作諸善業方可給汝隨病衣食趣得支身以除飢渴汝當善自驅策令我早得五分法身常化遊行自在無礙

訶詰四大門頌

迅矣百齡綿兹六入出沒昏疑興居愛習矻矻予求營營尒給匪德日歸惟殃斯集貪人敗類無厭自及昭回不厭玄墟何泣

出家順善門第九

上已檢校所行知乖道實遠剋責自咎則進趣有途前雖道俗揔論混知其過然在家罪重出家罪輕但出家之人行業階差生熟難

辨然阡陌而觀亦粗見其迹今出家者未登聖境而期望之人恒引聖責凡良由大教勝遠尊之者責重法律精微信之者望深何以知然今欲見雅形妙相之體當覩儀容端麗之人欲觀仁義盛德之風當尋有禮有義之行何常見衆多之口競譏棄諸外道正以不足及言所以息議在於衆僧動爲論端實由我法清勝嫉之者多我法高遠毀之者衆書云城高則衝生道尊則魔盛今乍聞詰誚之言乃足驚怪就理而尋非無義而發試爲檢其所修比其所習福之深濃罪之厚薄可加意察之夫父母是孝戀難遺而能辭親

妻子恩深難奪而能割愛
勢位物情所競而能棄榮
飢苦是人所難忍而能節食
滋味是人所貪嗜而甘厭蔬糲
翹勤是人所厭怠而能精苦
七珍是人所悋惜而能捨離
錢帛是人所蓄聚而能棄散
奴僮是人所資待而自給不使
五色是人所欣覩而棄之不顧
八音是人所競聞而絕之不聽
飾玩細滑人所保著而能精麁無礙
安身養體人所共同而能忘形捨命

眠卧是人所不免而晝夜不寢爲業

恣口朋遊人所恒習而處静自檢

白衣飲饌不知紀極而進食如毒

白衣日夜無所不甘而已限以晷刻虚腹

白衣則華屋嬿偶而己冢間離著

又行住坐卧如是法　禮拜圍遶如是法

讀誦講説如是法　食飲便利如是法

受供行施如是法　修道習行如是法

略説如上無非有法數則三千威儀廣則説

不可盡餘如出家功德經説

出家生善門頌

澡身浴德晦迹埋名將安寶地誰留化城道

場曠謐禪逕閑清風飄弗響震轍徒驚嘯傲焉慮脫落何營長捐有結永寘無生

在家從惡門第十

俗士每言談之次或問白衣歸向何法無不荅云釋氏純臣縱復實心錯背亦著言其乖各所以介者寔由大法精勝不欲與善相違故也既言其信當事與言同若言事相反者便是矯僞謏諂側佞邪媚天下所驚嗟四海所駭歎若欲真實期於三世者見沙門之過當知凡劣形服雖異喜怒何殊便思其理可崇本不在人何得以鄙厺之行用廢大道乎且其積習勝業已積熙連沙踰可不深思今諸

士女試自檢察實自多過
瞋恚不避尊貴　惡罵無復高卑
貪求不計毀辱　慳悋不知禮節
婬欲不擇禽獸　黜退不避親族
加以憍慢放逸貢高懟恨諍訟邪命詐現異
相以利求利惡求多求無有恭敬不隨教誨
身見有見及以無見未嘗省退以禮自制一何
苦哉唯恐我不勝人人莫及我經說起慢此
業熾盛燒滅宿世所種善根又云爲惡雖少
後苦無邊如毒在身終爲重患諸俗人等唯
欲營生不知顧死然生不可保死必奄至尋
此危命非朝則夕俄頃之間凶變無常如佛

爲愚癡富老公說偈

汲汲憂子財　非我何所有　愚人多預慮
莫知當來變

廣文如彼何得不思貪求積聚終必散失身死名滅唯業相隨又觀女人所起患毒倍於男子經云

女人甚深惡　難與爲因緣　恩愛一縛著
牽人入罪門　女人有何好　但是諸不淨
何不審諦觀　爲此發狂亂

郁伽長者經云在家修道當觀女人生猒離想非常久想不淨潔想臭穢惡想羅刹惡鬼恒噉人想貪色難飽無止足想惡知識妨淨行想三

惡道增憂苦不斷目面脣口惑人之具人爲所
惑破家滅國殺親害子衆禍之本皆由女色
在家男女惡門頌
石磨則磷玉生雖堅維居必徙豈曰能賢冰
開春日蘭敗秋年教隨類亙習乃情遷命符
三漏生偕十纏玆焉遂往憂畏方延

沉冥地獄門第十一

萬法雖差功用不一至於明昧相形唯善惡
二途而已語善則人天勝果差別於目驗述
惡則三途劇苦皎然而非虛而愚惑之夫好
起疑異多言人天是妄造地獄非實說以不
覩故便不知推因以測果由不了故復不知

驗果以尋因既因果未分空扇是非疑途亂起明在何日無論未來其事難了但以即今善惡是驗冥漠非妄夫有形則影現有聲則響應未見形存而影滅聲續而響乖故知善惡相資亦復如是幸各明信無厝疑心何謂地獄經中廣說此洲地下八大地獄最下阿鼻四萬由旬鐵城四周表裏火徹銅狗黑蛇哮吼嚼咋甚可怖畏諸小獄者散在鐵圍山間海渚空野衆處備受寒熱難可具說獄各有主牛頭阿傍其性殘虐無一慈忍見受苦者唯憂不苦唯憂不毒或問獄卒衆生受苦甚可憐愍而汝無慈常懷毒害獄卒荅曰諸

受苦者由是不孝父母謗佛法僧罵辱親踈毁陷一切破壞和合瞋恚殺害貪婬欺詐邪命邪求及以邪見憍慢懈怠放逸怨恨迷沒聲色耽著酒食犯所受戒不知慙愧具足惡業來此受苦受苦既畢恒加諫喻此是惡處今已得脱勿復重來然此衆生初無改悔今日得出俄頃復來勞我形力加毒於彼今觀此輩既不修善往趣泥洹則是無知不識避苦所以倍痛害之何由得生慈忍又經云有十惡業殺生偷盗能令衆生墮於地獄畜生餓鬼無量劫數乃得爲人還受短命貧窮等報又感外報棘刺沙礫水草少味不如意等

且身口意此三發業之始自作教人見作隨喜此三成業之由現報生報後報此三感業之所故論云三三合九種從三煩惱生然前九位業通善惡受三塗報唯在三毒是故行人先須觀彼於此人身可有出理

地獄門頌

冥津殊復曉高聽亦能畢陰牆雖兩竅幽夜有四知炎山飄烈火冰凋帀寒凘羅城振雲幕鋒樹鬱霜枝茹荼非云苦集木豈稱危求仁曾已得長歎欲何爲

出家懷道門第十二

自大聖已還性體未圓三相所遷四山作固

所以如來智周域外尚假苦切之言令諸有生得入律行今居在凡愚善惡雜糅何能免黜累之愆愛深之失若聞所説當深歎悼何時免離若斯之過不得内懷驚疑增其忿憾也然則起忿之來誠由著我如經所説執我見者生死大患第一破戒且舉一我無人不患良非正聚誰不弊之出家本意爲滅此惑故諸行者常須遮制積功不已漸得出有迷此不修還同無始徒在僧倫更招苦業令聞出家之美不得便言無惡又聞俗人之惡不可便言無善故通迷之宜各警策夫出家者猶信故入道也當去愛著順佛語則出世之行

成也若於行有虧則非謂之信也內既無信則翦
落納衣瓶鉢等於身無用略引數條不得自怠

已去憒閙得空閑　已離俗愛無攀緣
已出馳動入寂定　已離染著得無礙
已捨苦境得無惱　已離妻子無纏縛
已棄飾好厭華侈　已絕聲色滅貪求
已斷榮辱去我見　已向八正趣道門
已披弘誓忍辱鎧　已服解脫涅槃衣
已望畢竟空寂舍　已登慈悲喜捨堂
已見迴向之大利　已聽多聞自覺音
佛見出家之利樂

如此所以勸獎誡勵修學故經云蓋聞沙門

之爲道也捨家妻子捐棄愛欲斷絶六情守戒無爲其清淨一心者則萬邪滅矣一心之道者聲色不能汙榮位不能動免離憂苦存亡自在塊然獨立捨五慳除兩穢二堅縛二障法二種垢二雨雹二癰瘡二燒法二種病四破戒者一謂三業不淨二謂聞空怖畏三謂不爲泥洹四謂貪著我見又如經說菩薩修行先除四失謂捨欺誑重報恩决嫌疑滅諂心如是備行諸度妙行清淨廣大安住寂靜

出家懷惡門頌

韞石諒非眞飾瓶信爲假竊服皐門上濫吹溜軒下鳳祀徒驚心騶文終好野實相豈或

照浮榮未能捨迹殊冠冕客事襲驅馳者已
矣歇鄭聲無然亂周雅

在家懷善門第十三

前已聞其惡深自鄙悼今顯其善悅以進道何以知之自非貪欲情厚染愛性深富貴意重勢利心濃者則不容安處累縛黒闇所纏故知在家者衆患之本矣故使室家妻子宗親眷屬周旋來往朋友遊處奉上接下皆須將意意不獨往其應筐篚筐之用非求不至既馳求事廣財念無窮惟念多蓄不顧無常擁積腐壞靡知分散是爲欲不慳貪便不能得既眷屬纏繞百心不同不加鞭罰則爲惡者

衆雖曰止惡要由意瞋起是爲欲不瞋恚亦
不能得爲此資生校計馳求萬方以利縈心
不知患害水火盜賊艱苦備經或夭身命殘
殺無辜宴集歡樂非此不濟起貪癡心謂我
加尒飲噉之後暢快莫思是爲欲不起癡而
不能得當知白衣與善相違故曰所作之事
與地獄對門又云居處如牢獄妻子如枷鎖
財物如重擔親戚如怨家而今在窮苦之地
繫縛憂厄艱辛纏累備諸苦惱不親三寶不
近正法窮迷闇障劇苦之内而能一日一夜
守持清禁六時行道兼修六齋年三長齋或
持一戒二戒三戒乃至五戒八戒十戒菜蔬

節味檢身口意又率妻子内外眷屬迴向崇善建菩提因或撤父母之供妻子之分財貨衣服甘珍餚果窮其所有敬供精潔合室營奉晨昏翹注或爲疾病患危急縣官牢獄或親族崩亡祈福魂路或生善滅罪始發信心崇仰沙門在聖無別由其隨順佛正教故所以順佛語故出離生死若違佛語必墮惡道是故常應堅發正願願受化生自在飛行一切佛刹隨所感見應接群生學佛威儀入如來室著如來衣坐如來座巧便大慧開悟解脱於諸法中究竟無障盡虛空際大誓莊嚴

在家勸善門頌

處塵貴不染被褐重懷珠美玉曜幽石曾蘭
挺叢蒴四氏不爲侶三界豈能逾諒茲親愛
染寧以財利拘煩流捨智寶榛路坦夷途万
物竟何匹烈火樹紅芙

三界内苦門第十四

夫三界牢獄四圍輪轉在家出家未斷我倒
無得免者既爲生死所纏身心勞累遷變無
窮無非是苦故經云三界皆苦何可樂者而
衆生常惑謂言世間是常是樂出世樂因無
常是苦何其沉迷頓此顛倒纔驗刺身即覺
苦受何得云樂略引數條證知唯苦　若謂
飲食爲樂者則應多所餐進身和心悦何意

小乖分度便成疹患　若謂衣服爲樂者則
應春夏一服愛心無厭何意寒暑異服明不
甘樂所以苦本　若謂室宇爲樂者何意不
常一處既致馳動明知避苦　若謂妻子眷
屬爲樂者則應長相歌笑何意俄介無常悲
號哽噎當知眷屬實是苦本若謂妙色以爲
樂者則應長悅心目永慰形骸何意須臾顔
貟變改鬚白面黑傷痛少年華美之艷故知
此色本自是苦不是外來若謂好聲以爲樂
者則應絲竹繁會觀聽無厭何意小久便致
昏倦耳不樂聞當知是苦若謂酣酒以爲樂
者則應適意遣憂長無惱患何故神昏心悶

骨節慘痛或因此事鞭杖鎖繫喪身夭命破家亡國受苦無量　若謂朋遊爲樂者則應終日遊散不知厭極何意每一登臨少時便倦後更相攜無復行意　若謂婬泆爲樂者則應血氣剛強眼明神爽少而不老壯而不變何意恣情逞欲輒有疲困抽腦徹髓頭眩眼亂心驚氣追筋骨緩縱口燥脣焦四肢振掉抽拔五藏由此夭命當知婬泆實是苦本若謂榮位爲樂者則應始終不變無恥無辱何意黜陟之間憔悴立至已上諸條大舉而言然此六塵五情遊心之處無非是苦所以大聖覺察三界牢獄知苦不迷解脱生死

三界内苦門頌
心怨動紛遶情怡輒遷互歡愛一離遠傷憂
坐衰暮連愰結清陰高臺起風露腐毒緣芳
旨夭代寔修婞慾綢必虧生繁罝或全兎眇
眇夜何期悠悠終肯悟
出三界外樂門第十五
佛世尊說三界世間揔是苦聚非唯一苦而
已又是無常無我不淨終歸於空出世之外
則有常樂我淨具八自在而衆生長迷妄謂
爲樂一何可悲且說一苦隨相有八何謂八
苦所謂生苦老苦病苦死苦愛別離苦怨憎
會苦求不得苦五盛陰苦於一苦中更有諸

苦故諸行人策勵行道節身口意翹勤匪懈
群小無知謂之爲苦大聖圓照三達洞了知
此小苦大樂正因雖有勞頓所期者大非謂
爲苦故引諸行相用簡有心
若捨身命憐愍衆生得佛金色身光明洞徹
行住坐卧震動大千相

若禮拜父母師長賢聖得佛頂相高明
若不誹衆生讃揚其德得佛眉間毫相
若行慈愛仁救衆生得佛紺青螺髮相
若以光燈供養施人得佛頂出日光相
若以慈意視衆生者得佛淨目上下眴相
若絶滋味十善化人得佛四十齒齊密相

若說慈善志意堅強得佛四牙白淨相
若絶口四過得佛方頰車廣長舌相
若行施平等得佛果時七處合滿相
若忍苦行決定無亂得佛師子臆相
若行正淨醫藥救人得佛身方正相
若行慈仁不杖衆生得佛脩臂指長相
若視地行不踐蟲命得佛行不蹈地相
若手扶接有苦衆生得佛手内外握相
若行四攝攝取衆生得佛手足網相
若以淨心供養善人得佛手足輪千輻理相
若施衣服隱過蔽惡得佛陰馬藏相
若說除患死法得佛鹿腨腸相

若善莊嚴不解衆生肢節得佛鉤鎖骨相
若柔和順塔右遶從人得佛右旋毛相
若平治道去棘刺得佛一孔一毛相
若不服華綺沐浴於人得佛皮膚細輭相
若掃塔除穢得佛身不受塵相
若修萬行常願具足得佛胷萬字相
若捨國城妻子得佛淨土眷屬賢聖相
若自節食上味施人得佛上味相
若常讀誦不惡口加人得佛摠持口香氣相
若說法引接衆生得佛面無飢渴滿口光辯才相
若持戒無缺得佛法身圓備相

若在山間頭陀苦行得佛塵累都盡相
若捨華堂幽林禪思衆生謂苦不能行之菩
薩志意堅强所期者大不以爲苦故得自然
宫殿七寶房舍早得成佛衆生猶自流轉生
死海中豈非爲顛倒惑纏之所致也故當勤
加精進修行此行便出三界

三界外樂門頌

端襟測煩海矯步寫埃氛三受猶絶兩八苦
若浮雲輸心仰圓極罄質委方墳朝遊淨國
侶暮集靈山群燈祇開遠照香宇薦嘉薰俛
首睇人俗信矣靜爲君

斷絶疑惑門第十六

夫因果感應影響相生必然之道理無差舛而衆生業行不純善惡迭用以不純故報有精麁或貴或賤或美或惡其事迹匪一不了本行故致疑惑何者如精進奉戒應得長生子孫熾盛親族榮顯而返見身命夭促門族衰殄屠害之人應嬰促壽眷屬殘滅而反延年壽考宗強援廣清廉之行應招富足而見貧苦貪盜之人應見困窘而覩豐饒此乃緣其福故現世輕受如金剛般若云由持經故爲人輕賤是人先世罪業應墮惡道以今輕賤故先世罪滅所以致有此疑者由其無明惑故妄起顛倒不能解了三世業相今略出數

條世人惑事用以懲誡庶有識者識以除疑
智人以生爲苦所以不忍愚夫貪生以生爲
樂是一惑也　智人以不生則不死故云涅
槃寂滅之樂而愚夫惡死不知遠死之方是
二惑也　智人以居家爲苦譬之牢獄書云
割情在於驕奢而愚夫深著以爲榮樂是三

惑也　智人知妻子之累故比之枷鎖書云
割情在於所愛而愚夫以恩愛爲懽欣是四
惑也　智人以眷屬是繫縛之本放之如讎
而愚夫繫戀以爲勝適是五惑也
智人以榮利是自滅之詮書云割情在於速
達而愚夫不計讒害取貴是六惑也

智人以色聲香味爲苦本書云割情在於嗜欲而愚夫爲之沉溺迷醉且列如前不容致惑是以智人當勤自勉自生老病死不離其身勿生疑惑一生空過今更出之以顯疑相見布施者疾患早亡便起疑心慳悋見持戒人過中不食致患懷疑自養見忍辱人檢心攝形致患懷惱勸令閑意 見誦經人旦夕緣理致患勸息 見菜蔬人致患瘦弱勸噉肥美 見坐禪者致患勸卧聞語引進便稱本情懈怠自恣隨順流俗曾不思量朝聞夕死如救頭然何有情賴更習常俗以死自誓方曰有志

斷疑惑門頌

生塗非一理識緒固饒律徒駭東陵富空嗟北郭貧國生曾巳戾顏氏信爲仁逢尤昭往業習善會玆身勤憂永夷泰晏安終苦辛令名且云重豈若樹良因

十種慚愧門第十七

旣巳同知在家男女之惡又見出家僧尼瑕累又聞疑惑顛倒之門退自思省實可慚愧經云慚愧得具足能滅闇障故又云慚如鐵鈎能制人非法若無慚愧與諸禽獸無相異也涅槃經云有二白法能救衆生一慚二愧慚者自不作惡愧者不敎他作慚者內自羞恥

愧者發露向人有慙愧故則能恭敬父母師長懷慙愧故罪則除滅顯相如此各須慙愧順清白法事乃無量略舉十條以爲綱要

第一慙愧諸佛如來往昔欲令我等離苦獲安所以發心行菩提道忍苦受辱令成法身常以正法爲我解説而我不能如説修行

第二慙愧父母哀哀父母生我劬勞長養教招常懷憂惕既爲人子不順誨約反學㐫強陵蔑貴賤既乖諍子上失令名深爲可愧

第三慙愧諸子然彼實能晨昏定省色養無虧而終貧煎無物賑給故使諸子無由得立又闕教導使子愚昏實爲可愧　第四慙愧

師僧然我父母生育訓誨不能使我出生死海今此師僧教我出家受增上戒懷羅漢胎得羅漢果而我違犯深爲可愧　第五慙愧弟子既能晨夕依教策修而反固遮有違聖說致使道業寸尺無功一生空過無法制奉顧斯負累亦可深愧　第六慙愧帝王恒以十善化導天下故國土安寧五穀豐熟所以百姓安家復業出家之人泰然安樂任其禪誦而今懈惰深是可愧　第七慙愧檀越出家所懷解脫爲本形骸資待衣食爲先所以諸俗爲道興福供給資緣故隆正業而惑不全失於敬重亦可深愧　第八慙愧良友知

識化導見佛因緣令具梵行大經唱示而我
聞諫反以爲讎背逆三歸禮向神俗迷著善
導故違正誨深可爲愧　第九慚愧所化諸
人由我無德久不種緣致使開悟莫能律濟
故令聽者徒枉功夫縱聞雜善不獲純淨内
心自疾深可慚愧　第十慚愧天龍神鬼護
法冥祇我本發心誓度一切故諸天龍擁護
無惱而我慾鈌情志不恒唯知負恩但增慚愧
慚愧門頌
神膏施唯重玄酒恩未隆明璣隨水上潤玉
藍田中稟天性所極資敬道攸崇羽毛共以
勢輪軌相爲通報德愴前雅酬言愛餘風遵

途每多舛顧省能無忡

極大慚愧門第十八

慚愧之義以不及爲本若於正行悉能遵奉則無假慚愧書云内省不疚何憂何懼又曰心苟無瑕何恤無家今既理妙難精觸向乖背一念之間造過無量過無量故慚愧亦應無量前巳略舉大致其中枝泒不可縷悉更立此門使尋文求旨知理無不攝也夫衆生以我見故不能推美於物引惡在己而於萬善不能修習見人勝行意欲陵之無慚之甚何得不見今列位顯之庶可鍛迹

若見直心行慚愧人我不能行願彼不作

見行布施持戒人開解脱門願其早止
見行忍辱精進人自不能行願早退没
見多聞修定者自不能行不欲使作
見行慈悲喜捨者不能讚勉欲其不行
見菜蔬一食者自不行故勸令退敗
見行伏心又應慙愧法乃勸不行乖八正道
見學問誦經人自無此行不使彼作
見圍遶禮拜者自嬾惰故嫉令不行
見有唱導梵音者自不及彼願不爲之
見經行頭陀者既不能行反謗毁滅
今據叔世説法開化以此爲高
義當生信滅罪祈福弘道而今登無畏座開

廣笑謔之端飾詞自麗之美高言興色誹謗
往還儀容傲佷初無謙遜永不退省我解未
深唯詰諮者尋經有謬故經云若爲利養名
譽我心愛黨而說法者是名非說若利於彼
增信心故滅煩惱故起淨業故知慚知愧開
八正路是名善說如過去世有苦岸比丘說
有衆生我人壽命違於佛語命終入阿鼻地
獄仰卧伏卧左右脇卧各九百萬億歲介後
更歷諸餘地獄自外徒黨受苦難言故知不
依佛教毀謗正法其罪實重當知法師實亦
爲難其善則致福無量其惡則獲罪亦重是
故法師應須極大慚愧然居在世間養生之

總在於衣食由此衣食勞亂極深所須繒纊皮革無不損生殘命著他皮肉還養肉身乃至食噉一粒之食非用功夫無由入口推度前功商量我腹上入下出常流不止而於其中選擇精肥進納軟滑貪嗜美味無蓄無恥須臾變改臭不可近將行將坐如廁不殊何有智者於食生貪若生貪者大須慚愧與彼畜獸復何取別

極大慚愧門頌

冬狐狸豐毴春蠶緒輕絲形骸翻為阻心識還自欺華容羈卝日生平少年時驅車追俠客酌酒弄妖姬但念目前好安知身後悲傷

然一以愧永與情愛辭

善友勸奬門第十九

夫能了除疑惑内發慚愧勸奬之功善知識也今欲修習萬行非善知識無由進道經云如栴檀葉在伊羅林其葉則臭伊羅臭葉在栴檀林其葉則香書云與善人居如入蘭芷之室久而借芳與惡人居如在鮑魚之肆與之俱臭又云近墨必緇近朱必赤故知善友能作佛事是大因緣是同梵行善知識者今能將我得昇淨土惡知識者今能陷我墜於地獄當知善恩不可酬報夫善惡之理皎然明白但以任情適道則進趣之理遲善友勸

辨便勇猛之心疾經有辨課之文書有勸學
之説當知要行實由勸成故經云菩薩自身
布施亦勸他人令行布施自行持戒忍辱精
進一心智慧亦勸他人令行此事然則勝羨
之事欣樂羨仰物之恒情今若徒有願樂之
心不行願樂之事未見其果猶若絶粮思味
其於飢渴終無濟益故略引數條盛行要事
以相警誡　今有財富室温家給人足不勞
營覓自然而至復有貧苦飢弊形骸勞悴終
日願於富饒而富饒未嘗暫有以此苦故勸
其布施力厲修福　若有衣裘服翫鮮華充
備又有尺布不全垢膩臭雜是以勸辨令施

衣服及以室宇若見甘味珍著連几重案又有藜藿不充困於水菜所以勸獎令施飲食若見榮位通顯乘肥衣輕適意自在復有卑陋猥賤人不齒録塗炭溝渠坐卧糞穢此苦可猒勸令修福除滅憍慢奉行謙敬豈可他人常貴我常在賤　若見形皃端正吐言廣利又有面狀醜陋所言險暴此苦可捨勸令忍辱　若見意力彊幹少病登勞行道無礙有人多患不安所行莫濟見有此苦勸施醫藥令其進趣故法句經云四時行道得度衆苦一者少年有力勢時二者有財物時三者遇三寶福田時四者當計萬物必離散時常

行此四必得道跡應自督課不待他勸

善友勸奬門頌

蘭室改蓬心枏崖變伊草丹青有必渝絲鑠豈常皓曲轅且繩直詭木遂彫藻一簣或成山百里倦中道隆漢乃王臣失楚信元保勉矣德不孤至言匪虛造

戒法攝生門第二十

前已勸奬於他我今自加課厲凡論課厲要必託境行因若心志浮蕩則進趣無寄然託境行因戒戒爲其始可謂入聖之初門出俗之正路如乖此訓永處三塗人天長絶是以經云譬如大地長生萬物戒亦如是能生衆生

人天華果故經云若無此戒諸善功德皆不
得生良以三塗苦報罪障所纏人天勝果堪
爲道器欲感勝果非戒不生是以聖人先明
此教然三歸五品戒法兩科七衆小學要以
三歸爲宗一乘大教必崇三聚爲本並如經
律具顯規猷卓尒憲章行業明逾鑒鏡今粗
舉其大致用光恒俗所以發戒之原須依三
寶者蓋由佛法僧寶天人所尊歸依生信必
能出有若歸邪神反增苦趣故經說云歸佛
清信士不歸諸天神故須先定邪正方識逆
順經云信爲道元功德之母智是解脱出有
之因誠至言也若無此信心志浮虛歸戒不

得是以發足立信爲先何謂三歸謂佛法僧
此三可重故名爲寶何謂爲佛自覺覺彼無
師大智五分法身也何謂爲法能軌能正滅
諦涅槃清淨無相也何謂爲僧能和和衆無
學功德自他滅處也何謂爲歸可憑可向也
何謂爲寶能招利樂正心依仗近獲人天遠
登無學此則三寶區别之門若論極教理唯
一統照無不周照周等覺謂之佛寶體無非
法謂之法寶至德常和謂之僧寶此乃體一
義三同性三寶衆生解悟信知佛性離此生
死招興利樂是故一切無不歸憑
第一翻邪三歸　第二五戒三歸

第二八戒三歸　第四十戒　第五具戒
第六十善戒　第七大菩薩戒
此之七戒所防過境近約大千世界之内一切六根六大並是戒境廣如常説

戒門頌

金山嚴寶仞瓊畹烈瑤英牆狐議不窟檐鷁豈能栖淨花莊思序慧沼盥身倪六群儻未一七衆固恒齊端儀有直景正道無傾蹊維宮超以悟襄野竟何迷

自慶畢故止新門第二十一

從前發心已來知至德可歸檢校剋責滅諸惡門疑惑既遣慚愧續修勸奨兼行戒德又

願得捨如是之罪障餐聽若斯之勝法豈得不踊躍歡喜嗟抃自慶者乎經云八難難度一地獄難二餓鬼難三畜生難四邊地難五長壽天難六雖得人身盲聾瘖瘂不能聽受難七雖得人身六情完具而世智辯聰信邪倒見不信三寶肆意輕侮此身死已便在三途隨業沉沒久乃得出時在人道還不正信家生第八前後佛間不覩正法徒生一世增長邪見具造衆罪尋亦徒死是故經云徒生徒死甚可憐愍奉法行人先崇此意生死大事不可自寬

今略出自慶數條繫在心首

佛言地獄難免而今同得免離此苦一自慶也　佛言餓鬼難脫而今同得遠於此苦二自慶也　佛言畜生難捨而今同得不樹此因三自慶也　佛言生在邊地不知仁義今在中國修習禮智四自慶也
佛言生長壽天不知植福福盡命終還墮惡道而今不以世樂自娛迴以供養五自慶也
佛言人身難得一失不返有過盲龜浮木之譬今得人身六自慶也　佛言六根難具今無缺損七自慶也　佛言丈夫男身難得我已得也　佛言女人身者須知佛性則是丈夫我已知也　佛言邪辯難捨我今歸正法

也　佛言佛前佛後是爲大難我今相與慷
慨立志既見色像又聞正法則同鹿野滅感
不殊也　佛言見佛爲難我今頂禮佛所記
像功用等倫也　佛言聞法爲難我今備得
聞也　佛言出家爲難我今且隨衆也
佛言出家尊信倍復爲難我今一心無敢二
見敬法愛法以法爲師經中偈言
惟念過去世　供養爲輕微　蒙報歷遐劫
餘福值天師　淨慧斷生死　癡愛銷無遺
佛恩流無窮　是故重自歸
自慶畢故不造新頌
春非我春秋非秋　一經長夜每悠悠陶形練

氣任無造啓蒙夷阻出重幽榮公三樂非爲
曠箕生五福豈能求靈姿妙境往難集微言
至道此云修年逢生幸曾以慶盈愆貳過儻
知憂畢故斷新别苦海希賢庶善憑智流

大忍惡對門第二十二

夫道從苦生不由樂果德憑功建非情所集
故經云忍辱第一道於諸衆生心無礙故以
其在苦則多礙多惱起不善業今所以得無
礙者良由在礙而修無礙故礙而不爲礙旣於
礙而無所礙豈非忍力之所致乎經云娑婆
世界五濁之刹五痛五燒具諸惡報是故發
大乘者多來此土以救苦爲資粮以拔惱爲

要行此土一日修善勝於他方淨國百千萬劫所以介者良由極苦之地心不及善而能於劇苦之中卓然發意忍苦受辱豈不奇哉所謂火中生蓮華此實爲希有他方淨土無修福地所以不及此土何者淨國七財豐溢不假布施攝貧窮也淨國律儀圓淨不假持戒攝毀禁也淨國則無辱無忍穢土無事非辱在辱能忍勝他方也淨國精進如救頭然不假翹勤攝懈怠也淨國之人入法流水念念修順無出入觀不假寂定攝亂意也淨國智慧明滿不假才巧說攝愚癡也又淨國之人非無弘誓但弘誓之功不及淨土四攝四

等例同無用淨國樂故則救苦之心薄惡土
苦故則進善之心猛故經云行於非道通達
佛道也夫欲發廣大心行菩薩行自非履危
涉險備受艱難蹈熾火歷氷霜嬰苦切甘楚
毒於萬苦中而能忍受者則道場可踐若無
此惱忍何從生藉此煩惱起我諸善所謂塵
勞之儔爲如來種當知忍者有力大人功德
之本所謂忍痛癢忍思想忍疾病忍飢苦忍
疲勞忍寒暑忍憂悲忍熱惱忍惡罵無恥辱
忍撾打無恚癡忍貪欲無愛著忍憍慢無背
道忍所難忍所難行忍所難作忍所難辦
能行此者眞可謂大忍辱矣

大忍門頌

春山之下玉抵禽漢水之陽璧千金清業神居德非重潔已愚侶道已深愛憎喜怒生而習等華芳旨世所欽鴻才巨力萬夫敵誰肯制此方寸心逸驥狂兕獷不御繁覊窑匣儻能禁遣情遺事復何想寂然無待恣幽尋

緣境無礙門第二十三

經云在俗則謂之爲縛在道則謂之爲解解即無礙所致縛即資待所招今若欲有待於無待則有待更煩無待於無待則有待自遣有待既遣則無礙之門可入若志在於資養便覩縛纏更重但衆生凡類觸向多阻不資

於物則自濟無方資於物者累之重也生累
纏繞解脫何由今旣深知其累累實爲苦何
以知之今欲陸行非車轝人馬不動一累礙
也今欲水遊非舟航不移二累礙也
今欲養身非衣裘屋宅則無所憑託三累礙
也　今欲養命非粳粮黍粟五味柔軟則無
所資待四累礙也　今欲修習一慧髣像無
向五累礙也　今欲求見一佛及一淨土發
奇特心冥漠不見六累礙也
今欲徹視十方障礙滿目七累礙也
今欲求佛聖智以除障惑近是衆生心行而
我不覩八累礙也　今欲披文尋義雖課心

力近在淺言不達意旨九累礙也
令欲誦習經典受已忘漏十累礙也
凡此累礙其事無量聖人所無礙自在者由
何而致實由遠諸塵勞自策爲本是所資待
莫不勤役自辦不假於他而他爲我用所謂
讓而得者則其理通求而獲者則其理滯菩
薩不求自利但欲利益衆生是以其利在己
而得無礙衆生常利我忘彼所以恒縛而無
解聖是可求而得非是永隔無律令若欲學
聖捨凡者當遵聖人所習雖其途無量然律
濟要趣唯一解脫耳故經云若自無縛欲解
彼縛斯有是處今欲學菩薩道必須棄凡夫

縛凡夫縛者唯願得五欲縱意自在實大縛也菩薩行人棄之不顧經云不得畜養奴婢畜生當自翹勤出離生死若假於他他還縛我無解脫期今云無奴不立無婢不辦此乃氣力強梁之時一旦卧床百事同棄自救不暇何憂及人宜自勉勵則解脫之門易可登耳

無礙門頌

恍象忽物終不名龍舉鸞集竟誰辨絕智忘身孰爲礙韜名戢曜故能顯匪日匪月灼以懸安飛安翔虛而踐壁石無間恣出没水火有性任舒卷敷教應俗鶩泉流現迹依方迅風轉大哉超世莫與群希轃慕舜宜自勉

立志努力門第二十四

從初辨德極於無礙善惡二途凡聖苦樂明了審諦斯言備矣唯應努力勤而行之經云感傷世間貪意長流沒於愛欲之海吾獨欲反其源故自勉而特出是以世世勤苦不以為勞經云我與阿難空王佛所共發菩提心我常勤精進所以速成正覺又云得正法智已以無疲厭心為衆生說斯可謂努力矣夫衆生流轉三有觸苦相纏所以情識闇弱慮淺多迷每一修善怯退逡擾念念之間百變乖舛自非勤之以努力獎之以剛幹則勇銳驍果之心不發經云衆生與無明怨賊鬬戰

亦不異世間剋敵相禦世間則須金鉦牡其
氣皷鍾擊其忿鬱怫增其怒泆烈成其力不
資此發勇不假此振威何能摧鳴條之戰拉
牧野之師乎今與煩惱共戰當集無漏之智
命無畏之師控道品之衆禦六度之侶建道
場之幡擊甘露之皷著弘誓鎧冑被忍辱袍
甲握智慧弓刀執堅固箭盾精進督怠惰翹
勤課不及發行登懽喜秘駕頓法雲種智斷
其勇方便運其略於是無明老死之賊恊附
四魔之軍影響波旬因倚天女憑帶鬼神億
十萬衆擔山吐火雷電四繞欲八闇惑之旅
退金剛之師由乎菩薩忍調無想積德久善

魔怨稽伏一念努力豁然大明非法王壞正法王勝此並經中之盛事若不努力何由辦也如人營家晨起夜寐劬勞督課便自室内盈實飢寒不切但能努力無所不濟出世妙行事不殊俗若小努力微復加意三明六通不足爲難更運方便重課心形信順之忍漸深自至豈得空捨一生虚過三塗切己力無所施方復生悔何嗟及矣所以努力一門貫通前後者位心極行唯此而已願幽明聖鑒照覽窮途故敢發言託文現意

努力門頌

豫北二山尚有移河中一洲亦可爲精誠必

奎霜塵下意氣所感金石離有子剌掌修名立王生擢髮美譽垂自來勤心少鶩墜何不努力出憂危勝幡法鼓縈且擊智師道衆紛以馳有常無我儼既列無明有縛孰能窺

禮舍利寶塔門第二十五

大聖詮化隨機感益譬若一音說法各得其解是故應以現生蒙利者所以降神母胎誕聖王宮　應以出家蒙利者所以捨金輪位剃除鬚髮　應以相好蒙利者所以現成正覺坐菩提樹　應以實相蒙利者所以三轉法輪十二部經　應以滅度蒙利者所以雙樹潛輝現於涅槃良由衆生障業煩多是故

聖化隨應不一然則現於涅槃者復是增發
悲戀之心以悲慕故善心濃到凡禮拜像塔
皆宜感發悲心潸然思慕慘切其情追想正
法我不餐仰泣想如來不親音旨如入祖祢
之廟覩靈若在歔欷無顏如來慇懃令我等
具諸苦行而我違背自墮惡道在於像末未
蒙解脫以苦報故憶如來恩是以今各歸心
於此像塔嗚咽涕零慙顏哽慟至心奉爲至
尊皇后皇太子七廟聖靈今日信施龍神八
部廣及一切劇苦衆生敬禮十方三世一切
諸剎土中所有如來形像靈廟敬禮釋迦如
來一切現在靈骨舍利

敬禮如來現在頂骨舍利
敬禮如來現在髑蓋舍利
敬禮如來現在眼睛舍利
敬禮如來現在一切紺髮紅爪舍利
敬禮如來現在一切指骨舍利
敬禮如來現在一切牙齒舍利

敬禮如來現在衣鉢水瓶錫杖衆具
敬禮過去四佛生地并行坐遺迹
敬禮如來得道樹寶塔
敬禮如來轉法輪處寶塔
敬禮如來般涅槃處寶塔
敬禮如來滅後阿育王造八萬四千塔

敬禮阿育王所造無量諸佛像
敬禮天上人間海中龍宮一切像塔
敬禮此國諸州諸瑞聖像
敬禮此國諸寺諸山無量靈像
敬禮天上人間海中無量形像
願一切衆生不在佛前佛後常見佛生常見佛出家常見佛得道常見佛涅槃能建立是無量像塔盡於來際佛事不絶

禮舍利像塔門頌

越人鑄金誠有思魏后糊木亦云悲中賢小節猶可戀去聖彌遠情彌滋祇樹蕭條多宿楚王宮寂寞斯遺基設像居室若有望開儀

駐景曖如之連卿共日獨先後道悠命殊將
無時傾懷結想惻以慕垂靈寫照拂塵疑

敬重正法門第二十六

諸法本空寂滅無說以因緣故現有文字當知文字經典本在破病滅惑爲先惑既八萬四千故使教門亦有八萬四千法藏至於病銷惑遣藥亦隨亡如栰喻者可以情悉然群生沉罔隨言封滯由此見故教藥常陳所以金簡盈於寶殿玉軸煥於神宮辯析空有於假實表發權智於無方故如來一代四十九年隨緣示教種種說法及於涅槃但有聲教討隨言說必致淪亡然以義理談玄在宗無

昧言雖得喪全旨難乖故立法依用永刊定
天魔外道莫敢侵陵自慧日已沉法雲遐布
非夫簡冊無由獻功尊大迦葉法門英雋擊
鍾聲告召集無學千僧一夏撰結遺言十二
義求三藏文攝多羅葉典其量莫思蘊積西
夏將及千載時運漸渫東翻漢朝訖彼至今
年垂六百雜録正經七千餘卷詞義明敏談
味無遺近則安國利人遠則超凡證聖備如
卷部智者尋之至心奉爲
至尊　皇后　皇太子　七廟聖靈天龍八
部乃至十方一切劇苦衆生
敬禮一切眞如正法藏

敬禮十方一切諸佛所説法藏
敬禮過去一切諸佛法藏
敬禮賢劫初佛拘樓孫如來天龍宫法藏
敬禮拘那含牟尼佛天龍宫中法藏
敬禮迦葉佛天龍宫中一切法藏
敬禮釋迦如來天龍宫一切法藏
敬禮西印度黒蜂山寺一切法藏
敬禮沮渠國大乘十二部法藏
敬禮北印度石壁八字捨身法藏
敬禮神州大國一切衆藏經典
敬禮易州石經朔州恒安石窟經像
敬禮一切受持三藏諸法師等

敬禮一切禪師律師讀誦經典諸行人等願一切含靈入如是法門常能揔持廣説教化通達無礙

法門頌

出不自戶將何由行不以法欲焉修之燕入楚待駿足陵河越海寄輕舟仁言爲利壯巳博聖道弘濟邈難求通明洞燭煥曾景深凝廣潤湛淵流翼善開賢敷教義照蒙啓惑滌煩憂功成弗有名弗居淡然無執與化遊

奉養僧田門第二十七

僧稱福田群道宗尚斯何故耶良由發蒙俗之幽心啓正道之遐趣拯沉淪而將濟於三有御法綱而弘護於萬齡由是道被天下德

光四俗能生善種号曰福田德響犍椎又稱
應供心乖理義行越法科則顯乖剃落之容
幽受空樹之譬及與施主爲讎隙與骨肉爲瘡
疣熱血之相可尋石女之倫不遠僧護佛藏
明言不迷智論大經清範攸屬固當日須三
省事必九思念念策心無時寧舍方可入三
乘之一位預三寶之一負盛德可觀六道歸
依而出有高行難擬七衆相從爲福田豈非
形寄域中情超域外者也流俗纏紲封附昏
迷處處生著何能遠出是以樹立僧寶爲俗
良田令興福力得出生死不徒設也然佛超
累表作範區中爲物受供而實不受法在除

惑清淨非情供養感果自隨生業僧含凡聖
形繫往因縱成無學猶嬰善報身謝無餘方
出諸有今以形累有緣多須資待故凡施者
教多在僧然供養於僧備有三寶故佛有言
隨順我語供養佛也爲解脱故供養法也衆
僧受用供養僧也有斯理義故名衆僧良福
田矣奉爲

至尊　皇后　皇太子七廟聖靈天龍八部乃
至十方一切劇苦衆生敬禮十方一切僧寶
敬禮當來下生佛兜率天弥勒菩薩僧
敬禮遊方大士文殊師利菩薩僧
敬禮救苦大士觀世音菩薩僧

敬禮護法大士普賢菩薩僧
敬禮滅罪大士虛空藏菩薩僧
敬禮十方一切行大道心菩薩僧
敬禮十方一切行緣覺心辟支佛僧
敬禮十方一切行下乘者諸聲聞僧
敬禮賓頭盧闍住法萬載諸聲聞僧

敬禮佛子羅睺羅住法萬載諸聲聞僧
敬禮剡州山海九億萬住法萬載諸聲聞僧
敬禮三千界内見在一切諸凡聖僧
願一切含靈常與賢聖同乘正道開智生福不墜
惡趣生生遭遇為善知識拔除煩惱得出諸有
僧門頌

五玉已潤談而信入桂雖芳風乃揚妙理至言唯聖寶不自伊人孰弘道照空觀法識遷流撫俗瞻光厭生老絕滅情嗜斷懽怡縱落豪榮棄彫藻親愛倏忽信風煙財利悠悠若塵草測以龍雲豈日高濯足江漢更甦皓

勸請增進門第二十八

勸請者慇懃之至意也由發慇懃之意則願善之情深矣是故於一切纖微之善咸須慇懃勸請增進令生慧行不容中廢然勸請有二勸請衆生修行戒善具諸德本勸請諸佛救護衆生說法久住

十方四惡趣　我今悉勸請　修持諸戒行

獲得於人身 十方一切人 我今悉勸請
令修十善業 得生於天上 十方諸天人
我今悉勸請 登立正定聚 得離於惡道
十方諸學人 我今悉勸請 覺察諸煩惱
速證無學地 十方阿羅漢 我今悉勸請
知非究竟位 唯有一佛乘 十方辟支佛
我今悉勸請 成就大悲智 教化諸衆生
人天二乘衆 我今悉勸請 體覺如來藏
修習菩薩行 一切諸菩薩 我今悉勸請
修行十度行 速登於十地 兜率天菩薩
我今悉勸請 常轉不退輪 速下度群生
菩薩智未明 我今悉勸請 金剛滅塵累

顯發眞實相　十方一切佛　初成正覺者
我請轉法輪　安樂諸衆生　十方一切佛
若欲捨壽命　我今歸命請　願久住於世
如是佛菩薩　我今皆勸請　發此慇懃心
是故稽首禮

勸請門頌

俟河之清逢聖朝靈智俯接一其遥白日馳光不流照葵藿微志徒傾翹遍盈空有盡三界綿塞宇宙罄八遼德光業遂昇至覺寂寞常住獨能超煎灼欲火思雲露沉泪使水望舟橋弘慈廣度昔有誓法輪道御且徐驪

隨喜萬善門第二十九

衆生以愚惑故多懷嫉妬增上之心是以見人行善則興惡想摧毁破壞不令成就然彼前人未必損行而此嫉者妄增惱熱增長惑業生死不絶是以聖人調心制意行此隨喜亦復勸請衆生如說奉行

十方一切衆　所有微細善　仁義及禮智
孝養謙恭敬　慈和及愛敬　廉貞清潔行
若有如是善　我今悉隨喜　離欲在家人
奉修如來戒　三歸五八戒　十善菩薩戒
清淨諸律儀　離惡名聞者　如是諸功德
我今悉隨喜　飯僧施法衣　浴除煩惱垢
救攝諸貧窮　飢寒窮塞者　疾病艱危苦

施藥悲憐業　如是等功德　我今悉隨喜
曠路作好井　橋船度人物　園林池花果
施佛并供僧　渴之除熱惱　其福實無量
如是等功德　我今悉隨喜　造經流法教
然燈發慧明　習誦及轉讀　決了諸義趣
若復爲人說　倍增歡喜心　如是諸功德
我今悉隨喜　建立諸塔廟　堂殿及寶刹
彩畫及木像　金銀銅石等　傳寫諸相好
顯示於法身　如是諸功德　我今悉隨喜
若有造僧坊　牀帳及卧具　令彼息心者
安意於禪林　出入苦空門　次第寂滅觀
如是諸功德　我今悉隨喜　如來大慈悲

善説諸法門　發生隨喜行　令我等修學
隨喜諸聲聞　忍苦度生死　隨喜諸菩薩
不捨惡道受　隨喜十方佛　無畏天人尊
能於三界獄　引出諸衆生　願令衆生類
悉得於佛道　是故我隨喜　稽首禮諸佛

隨喜門頌

聞善若已燭良書見賢思齊美通誥感幽動地孝有誠殞首流腸忠爲標振禮摛文弘憲則機謀飈勇靜姦暴明白入素志沖閑高論窮微契神奥捐軀濟物不邀名輕財貴義豈期報百行萬善紛塗軌求誠罄想畢歡蹈

迴向佛道門第三十

言迴向者以不著爲義原一切衆生俻修萬行捨身命財所以不得解脱生死者皆緣耽著果報不能捨離若能不執其心修行攝度隨有微福迴施羣生向於佛道者則於果報不復生著便於生死蕭然解脱故經云如所說修行迴向爲大利是以一切所作善業皆應迴向兼勸衆生不著果報何者即此身形果報之本終日養飼莊嚴彫飾要必當死徒爲保著自非愚闇所以貪受此身少有慧明何得無時不厭以是智者撫聽論心不容貪著迴流生死

十方諸衆生　所行微善業　仁孝[illegible]謙敬

慈愛柔和等　忠正修禮智　矜逮賑孤窮
如是世俗善　悉迴向佛道　一切諸外道
種種勤苦行　五熱炙其身　投巖赴水火
反縛塗灰等　無量諸邪見　今皆為迴向
同歸正覺道　一切清信士　歸戒行十善
乃至諸女人　亦能修福德　又能善說法
開化衆妙福　迴向施群生　共成無上道
一切弟子衆　聞聲即解悟　善來成比丘
乃至四道果　方便及初觀　苦空非常想
亦迴施群生　共向無上道　十方諸辟支
自然成緣覺　深悟在別世　曉了因緣法
隱顯化衆生　獨處樂善寂　如是類一切

盡迴向佛道　十方諸菩薩　讀誦於經法
入禪出禪者　勸揔行衆善　如是等三善
一切衆德本　亦迴施衆生　歸向無上道
一切諸善等　乃至賢聖果　解空未能窮
有無不雙盡　悉令與一切　同入眞妙境
著迴有相心　皆向解脫道　如是諸菩薩
我今勸迴向　發此無著心　是故稽首禮

迴向門頌

悠悠九土各異形擾擾四俗非一情驅車秣馬徇世業市交鬻義衒虛名儒墨紛紜殊不會七儒委鬱曽未弁吉凶拘忌迺數術取與離合實縱横朝日夕月竟何取投巖赴火空

捐生咄嗟失道尒迴鶩沔彼流水趣東瀛

發願莊嚴門第三十一

原衆惡所起皆緣意地貪瞋癡也自害害他勿過於此故經号爲根本三毒能煩能惱勞擾身心於緣起惡三三九種然此九種義通善惡三善根生名善業道三不善根生名惡業道是故行人常一其心不令動亂微起相見即自覺察守護六根不令塵染常發弘願以自莊嚴願一切衆生皆從今日乃至菩提眼常不看貪婬邪艷惑人之色不看瞋恚醜狀屠裂愚癡闇倨慢邪衆之色願見一切十方常住法身之色菩薩下生八相之色如來相

好聖衆和會善集之色願一切衆生耳常不聞悲啼愁嘆聲地獄苦楚聲餓鬼畜生受苦聲八苦交對聲四百四病起發聲八萬四千塵勞聲願耳常聞諸佛說法八音聲八萬四千波羅蜜聲三乘聖果十地功德如是等聲願一切衆生鼻常不聞殺生滋味飲食之氣三十六物革囊之氣發欲羅綺脂澤之氣五辛能薰九相尸氣願鼻常聞十方世界諸樹草木之香五戒八戒十善六念諸德香學無學人十地五分十力八萬四千諸度無漏之香十方諸佛說法之香願一切衆生舌恒不甞衆生有命身肉雜味能生煩惱滋味願

舌恒甞甘露不死之味天自然食在其舌根變成上味諸佛所食之味法喜禪悦之味解脱泥洹最上勝味願一切衆生身常不覺邪婬細滑生欲樂觸不覺鑊湯寒氷之觸餓鬼畜生諸苦惱觸四百四病寒熱風霜蚉虻蚤虱飢渴困苦等觸願身常覺清涼强健心悟安隱證道飛行八自在觸願一切衆生皆從今日乃至菩提意常覺知九十八使八萬四千塵勞之法十惡五逆九十六種邪師之法三塗可厭生死大苦願意常知一切衆生皆有佛性佛爲醫王法爲良藥僧爲看病者爲諸衆生治生死患令得解脱心常無礙空有

不染

發願門頌

心所期兮彼之岸何事浮俗久淹逭照慧日兮駕法雲騰危城兮出塵館芳珠燁兮聞歲時寶樹颾兮響昏旦清露摶甘永以挹喜園流采常爲玩無待殷鼎方丈著安用秦箏纖指彈勤誠款願長不渝習苦塵勞從此捍

廣弘明集卷第二十七　聚

慈棹下直孝反船丨　基址上居之反下音止　警音景丨箓也　曇瑗下音院　煬帝上余向反　顗魚豈反　宗炳下音丙　驥居異反馬也　謐音蜜　倏音叔急皃　寤寐上吾故反下蜜二反　抃躍

上皮變反撫手也嗤尺之反笑也黿羹上音元龜之類麟脯上音隣似
鹿一角仁獸也螺眩下音遲螺貝也登俎下音阻同前
玉鋭下羊歳反鹽盐字芹求斤反水菜也橘俱聿反果子名青
筍下字笋繹音亦人名濠梁上音毫飢惄下奴的反憂也遣昌瘦
反睟容上私遂反正作粹馬援下音院蝨俗作虱赤壺下音
胡璡音津探鉤上土含反下古侯反摛丑知反羌恒上苦良反倜
儻上他的反丨奇俊非常也丨曄于輒反暕古眼反洗
馬上先典反九嶷下魚其反耆艾上渠夷反下吾蓋反丨丨
老之穪也長沮下才吕反粮餼上音良丨食也下許既反牲味也北叟
下斯斗反慨憶上苦愛反嘆也西卸下音尤又思夜反撫䏶下蒲米反
腿丨弭歇上米尒反息也揩訓上口解反丨式也懲惡上音澄止也
刑辟下毗益反死刑也殊揆下求癸反僶俛上弥忍反下音免和

爕下思怗反絓音畫礙也折斷上旨熱反下下貫反鄒陽上側愁反隆

渥下於角反恩丨也負笈下其業反書篋也繼踵下之勇反足也舉

袂下弥祭反握鎚上於角反把丨也下質追反鎚丨也剖蜯

下蒲項反蛤丨蒹葭兼加二音荻草也汪濊上烏光反下烏

外反水深廣丨華岳上去聲下嶽字穹崇上丘弓反丨丨高也

瀁汝兩反[illegible]六翮下閑鬲反[illegible]壘倫水反[illegible]悲哽下[illegible]

猛反丨憮然上音武丨丨失意皃闚天上傾弥反瘳音抽丨病可也

探覈上土含反下閑隔反取其實事曰丨丨犯蹕下音必天子駕前止行者

也虜馬上音魯戎丨也飲江上去聲道殣下渠鎮反死於道而葬曰

丨丨荆棘上音京下紀力反舌杪下美小反表也崎嶇上丘奇反下丘

俱反波崙下音論豁然上呼活反惰勤上徒卧反慵丨

肇音召始也論鈔上云聲下楚敎反䟽丨也闢毗益反開也謚音示

号也 經唄 下音敗 英髦 下音毛 墟｜ 起魚反聚也

綜 子宋反揔也 捐擲 上音緣棄也 菁華 上音精 梗概 上加猛反

下古愛反｜大略也 ｜ 跬步 上癸尒反半步也 鋭 羊歳反利也

姅 昌軟反差｜也 體矬 下昨和反短也 悼傷 音盜｜

懔然 上呂錦反敬畏貟 揚鑣 下必苗反馬銜也 柑

羊世反訲攙也 慴伏 上之葉反驚｜ 駛流 上使史二音疾流也

慷慨 上苦朗反下苦愛反 凜厲 上呂錦反 挫情 上則卧反折｜ 捍勞

上音汗拒｜ 惻愴 上昌側反下楚状反 鉗鏁 上巨兼反項鏁也 捶撲 上之委反

下普木反｜撃也 ｜ 逶迤 上烏爲反下音移 沂 魚依反 絫

珉 下音閩美石玉也絫雜也 礫 音歷瓦｜ 璣 居依反珠｜也 滌除 上徒

的反 挫 則卧反摧｜也 抄掠 上楚教反下音略劫奪也 婬妷 下夷一反

剠劓 上巨京反刺面也下魚至反割鼻刑也 刖刵 上吾骨反斷手足之

刑也下而志反割耳之刑也燖瀹上似廉反去毛也下音藥湯渫也
狡亂上古巧反忿芳問芳粉二音瞥疋滅反暫見皃緘
古咸反閑也壑呼各反燕驥上音煙丨國也下居異反良馬
也周鍇下苦買反好鐵也鐫子全反丨鑿也森然
上音蔘列翠皃也制馭下音御憤結上房粉反怒氣也乖僻下疋
亦反偏丨肥馬上房非反蕙肴上音惠香草也下戶交反杳然上煙曉反
鉤深上古侯反闒遝上胡塔反遝之上初瘦反充也猥蒙上烏每反
循思上音旬歷也炳音兩明也一隅下音愚丨角也翹下渠遥反分
陜下失涤反甘棠下音堂縝之忍反差忒下他得反手握下於
角反乎騁下丑領反馳也鑽求上子官反必孱下助連反食也芳醁
下音綠美酒也昬嚚下音銀愚也勗許玉反勸也迄今上許訖反丨至
也象繫下胡計反易有詞也周丨一迫責伯責二音壓音押

燈炷下音注　危脆下取歲反　穠華上音濃花皃下戶瓜反　鮐肌台飢二音鮐海魚皮如沙也故謂老壽肌膚如鮐魚皮也　愒日上苦蓋反貪也又丘列反息也　二豎下音樹童子也晉成悼公臥病夢二童居前一云你居膏之上我居肓之下針石所不至其奈我何　十巫下音無醫丨也　噬臍上音逝噬丨也下音臍肚丨也謂齒不至臍喻事丨不相及也　何汨下去筆反又古沒反水流皃也　榛荒上助巾反叢木也　悚恧上息勇反下尼六反慙也　膠加上音交　內疚下音救　靦他典反慙丨也　懾之業反懼也　邅迴上知連反迍丨　罝音嗟網也　乖忤下音誤　痾疹上音阿下丑刃反丨丨疾也　霜殞下羽敏反丨落也　綿纊下苦況反細綿也　歊赫上許嬌反下許格反丨丨熱盛皃　炎烈上于廉反熱也　輕絺下丑夷反葛布也　牙簟下徒點反蓆丨也　輕耎下軟字　珍餚下戶交反　怡懌上余之反下音亦丨丨和悅皃　乾矻

丨苦骨反用心則丨無饜下於塩反昭冏下俱永明也玄墟下丘虛反

詰誚上起一反下才笑反詰問也誚責也飾玩下愚貫反飲饌下床戀白食丨

晷刻上音軌日也嫓偶上疋計反配也曠謚上苦況反下音蜜曠大也

謐靜也風瓢下毗遙反瓠之類殼可以為飲器丨矯僞上居小反詐也諛

諂上羊朱反下丑撿反側倿下奴定反俗作倿邪媚下眉二反駭胡賣反

懟恨上音墜寃丨也郁伽上於六反磷上良刃反丨薄石也哮吼

上呼交反嚼咋上才約反咀丨也下助萬反齧丨丨也殘虐下魚却反寒嘶

下音斯冰也茹荼上而庶反食丨下音徒苦菜也雜糅上雜字下尼救反

忿懣上芳粉反怒也下胡暗反警策上音景憒鬧上俱妹反心煩

乱曰丨丨也華侈下昌尒反雨雹下蒲角反轀石上紆粉苞褁貞反

皐門上音高濫吹下去聲呼溜軒上力救反中庭也騶交

側愁反仁獸也文似虎筐篚匡匪二音竹器也無辜下音姑或撤下直

列反除也珍餚下戶交反食也被褐下胡割反大衣也挺他頂反出也
叢蒭上自紅反下昌朱反昌也渝音俞變也榛路上助
巾反木也叢哽噎上加猛反下於結反酣酒上何甘反半醉也慘痛
上七感反婬妷上余今反下夷一反逞慾上丑領反頭眩下音縣旋｜也
口燥下蘇老反振掉下徒弔反憔悴下丰遂反愰胡廣反帷｜也修
嫭下音護美好也｜｜睇音弟視也繁罥下音嗟網也｜金兎
眇眇美小反眴音舜目動貟千輻下音福輪｜也腨腸
上時軟反下音長音矯步上居小反舉也埃氛上音哀塵埃也下扶分反
妖氣也麔嘉上子見反進也睇音弟視也差妌下音常迭
用上徒結反更｜也困窘下巨殞反迫也懲誡上音澄止也已戾
下零帝反劬勞上音衢勤｜也憂惕下他的反凌蔑下莫結反輕賑
給上音震以財物濟贍也自疚下音救愆缺上去乹反過也失也

忡丑中反憂也何恤下思律反憂也支派下疋賣反笑謔下許約反
誹誚上芳尾反謗也下才笑反責也傲佷上吾告反慢也下胡懇反頑也毳昌歲反毛丨也蠶緒上蚕字下音序絲端也羈丱上居宜反繫也下俱患反
童子髫也俠客上胡怗反豪丨妖姬下居之反悲惕下他的反蘭芷下音止丨丨香草也鮑魚上蒲巧反腌魚也必緇下側思反正作緇丨黑也
連几下居矣反坐椅也藜藿上郎低反下兄郭反[illegible]丨野菊衣輕上去聲
猥賤上烏每反鄙也矬陋上昨禾反短也強幹下居旦反督課上音篤勸也緣皪下音曆珠也曲輮下音園車丨也
詭木上過委反異也一簣下求位反土籠也瓊畹下紆阮反瑤荑下音題草也檐鷁上簷字同前盥身上音貫丨洗也蹊音芳丨徑嗟抃下皮變反輕侮下音武慷慨上口朗反下苦愛反撾打上竹瓜反下音頂丨丨鞭笞也春山上詩容反在郫陽縣

玉柢下音紙一音支玉柢鵲逸驥下居異反丨丨俊馬也狻兕下徐
姊反野牛也繁䩭下居宜反馬絡頭也密匣下胡甲反虎圈也怳
象上兄往反丨忽也韜名上音叨丨藏戢曜上阻澁反鍛也鶩音務
駞也迅私閏反疾也努力上乃古反剛幹上音岡堅也下古且反強丨也
勇銳下羊歳反利也驍果上古堯反勇也剠敵上巨京反武也金
鉦下之盈反似鐃擊之以靜皷節拉郎合反摧丨牧野上音目放丨也鎧

冑上苦改反下直在反鎧甲也冑兜鍪也箭楯下時尹反傍牌也協附
上音叶不忉下音刀憂也擢髮上音濁拔丨也鶱墜上去
乾反虧也糺俱有反潜然上所閑反丨丨泣涕也祖禰下乃
禮反祖廟也歔欷上音虛下許既反丨丨泣之餘聲髏蓋上音樓髑丨也
瞹音愛瞹也栰喩上音伐箄也煥音喚明也刊定上苦寒反丨刻英
儁下後字丨丨智之稱也沮渠上子余反邈眉角反遠也凝魚陵反

僻鄜上音酬下丘逆反正作隙怨丨也剡州下時染反亦云䱹部州㦎怡下余

之反悦也沉汨下云筆反水流皃徐鑣下必苗反彪勇上必苗反養

飼下音寺秣馬上音末丨丨以粟餧馬也徇詞閏反順也鬻余菊反賣

也衒音縣誇丨沔彼上音緬東瀛下音盈海也倨傲上音據下

吾告反淹逭上邑蓝反逢留也下音換迭也逃也燁于輒反颻正作飄音

留高扂也捍音汗拒丨